PASTELERÍA

*

Recetas de Marianne Magnier-Moreno
Fotografías de Frédéric Lucano

Grijalbo

A Jérôme, Antoine e Inès

prólogo

Me gusta la pastelería pero, a menudo, lo que me ha sucedido es que a la pastelería no le gusto yo. Por más que intentaba obtener unos bollos con volumen y esponjosos, me salían densos y aplastados. Por más que intentaba elaborar hermosos petisús mofletudos, eran pálidos y planos. Ante algunas decenas de fracasos, tanto más frustrantes cuanto yo seguía escrupulosamente las recetas, sin embargo algo hacía que mantuviera la esperanza; entre mis tristes bollos, siempre había uno mucho más logrado que los otros. Entre mis depresivos petisús, a veces uno de ellos parecía que me murmurase: «Vas por el buen camino Marianne...». «El buen camino», quizá... ¿pero cuál? El petisú permanecía mudo, el scone implacable. Tenía que hacer algo, estaba entre la espada y la pared.

Ahora bien, en pastelería esta «pared» está hecha de multitud de libros, recetas, cursos y seminarios para profesionales o aficionados. En pocas palabras, la pared del aprendiz de pastelero es ese mar de consejos, de trucos a veces contradictorios y a menudo falsos en el cual nos tenemos que decidir a sumergirnos si queremos avanzar. Y me sumergí.

Poco a poco, entre batidores y cremas, encontré mi camino a través del laberinto pastelero. Tuve que tomar notas, comparar, sintetizar y, sobre todo, experimentar sin cesar. Surgieron hallazgos, se establecieron equilibrios y, como último recurso, los valiosos consejos de chefs pasteleros no cayeron en saco roto. Como, por ejemplo, uno de los secretos de la masa bomba: «No puedes saber de antemano cuántos huevos vas a necesitar. Debes añadir progresivamente los huevos a la preparación hasta que la masa se pueda mantener unos diez segundos en la espátula antes de caerse...». Literalmente, corrí a casa para ponerlo en práctica. Aquí me tenéis pues en mi cocina, con las mangas remangadas, intentando crear «estalactitas de diez segundos» a base de masa bomba. Y cuando la-masa-que-había-tardado-diez-segundos-en-caerse salió finalmente del horno, fue con el aspecto de una bonita hilera de ¡petisús dorados y bien hinchados!

En cuanto a los bollos, fue un libro americano el que me guió por el buen camino: «La masa debe ser gruesa (de 3 a 4 cm), los bollos deben ser pequeños y el horno estar muy caliente (por lo menos a 220 °C)». Milagrosamente los bollos salieron bien altos y orgullosos de mi horno y, la prueba definitiva, se partieron en dos solo con la presión de mis pulgares.

El libro que tenéis entre las manos es el fruto de mis investigaciones, tan pacientes como apasionadas. Así pues, para mí tiene un valor especial, y espero que también sea así para vosotros una vez que hayan probado las recetas... Mi intención es, por supuesto, transmitiros las recetas de la mejor pastelería francesa y anglosajona pero, sobre todo, ofrecéroslas con esa multitud de pequeños detalles sin los cuales en pastelería no hay magia.

Marianne Magnier-Moreno

* *sumario* *

* 1 *

recetas básicas

MASAS

CREMAS

SALSAS, NATA Y COULIS

GLASEADOS

MASA DE HOJALDRE

3 BOLAS DE 220 G ✻ **PREPARACIÓN**: 20 MIN ✻ **REPOSO**: 1 H

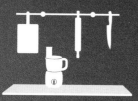

1 Poner la harina con 60 g de mantequilla en el bol de un robot con una cuchilla. Pulsar 10 veces 1 segundo hasta que la mantequilla se haya incorporado.

2 Añadir el resto de la mantequilla y pulsar 4-5 veces, tienen que quedar trozos. Desleír la sal en el agua y verter en el recipiente del robot. Triturar hasta formar una masa.

3 Estirar la masa en un rectángulo de 30 x 45 cm, enharinando ligeramente la masa, la encimera y el rodillo.

4 Doblar el tercio superior y el tercio inferior hacia el interior de manera que obtengamos un rectángulo de unos 10 x 45 cm.

INGREDIENTES

290 g de harina

280 g de mantequilla fría cortada en dados

6 g de sal (1 cucharadita colmada)

90 ml de agua fría

6 Aplastar la masa para obtener un cuadrado, envolver con papel film y poner como mínimo 1 hora en la nevera (hasta que la masa esté firme).

TRUCO

Las bolas que sobren se pueden congelar.

5 Enrollar la masa sobre sí misma empezando por uno de los lados cortos.

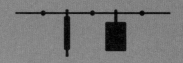

1 Con la punta de los dedos, arenar la mantequilla con la harina. Hacer un pozo en el centro y verter el agua, el azúcar, la sal y el huevo.

2 Con la punta de los dedos mezclar el azúcar y la sal. Incorporar los ingredientes del interior del pozo con cuidado, ya que la masa es bastante líquida.

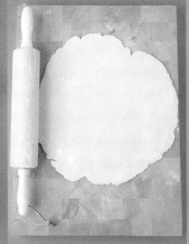

3 Juntar el resto de la harina y amasar todo con las manos. Hacer una bola sin amasarla demasiado. Aplastarla con la mano dándole un grosor de 3-4 cm y envolverla con papel film. Dejar reposar 30 minutos en la nevera.

4 Estirar la masa con el rodillo.

INGREDIENTES

200 g de harina de repostería + 10 g para la encimera
100 g de mantequilla
20 ml de agua
20 g de azúcar
2 g de sal
1 huevo

PREVIAMENTE

Poner la mantequilla cortada en trozos encima de la harina.

PARA UNA MASA DULCE

250 g de harina
160 g de mantequilla cortada en dados
60 g de azúcar
Una pizca de sal
½ huevo
1 yema de huevo
½ cucharadita de extracto de vainilla

Proceder como para la masa quebrada pero amasar bien para que la masa quede bien flexible. Estirar la masa preferentemente sin esperar. Poner en la nevera 30 minutos.

CREMA INGLESA

400 G ✳ **PREPARACIÓN:** 15 MIN ✳ **COCCIÓN:** 15 MIN

1 Poner las yemas de huevo con el azúcar en un recipiente.

2 Batir enérgicamente hasta que la mezcla blanquee y se espese un poco.

3 Verter la mitad de la leche hirviendo en un chorrito fino encima de las yemas de huevo, sin dejar de batir.

4 Verterlo todo en un cazo a fuego medio y hacer espesar la crema mezclando constantemente.

INGREDIENTES

300 ml de leche
1 vaina de vainilla
3 yemas de huevo
60 g de azúcar

PREVIAMENTE

Llevar a ebullición la leche con la vaina de vainilla abierta y raspada. Dejar en infusión unos 10 minutos fuera del fuego, tapado. Retirar la vaina de vainilla.

6 Introducir una cuchara en la crema y pasar un dedo por encima, debe dejar una marca visible. Colar y dejar enfriar. Tapar y reservar en frío, como máximo 24 horas.

TRUCO

Vigilar la fina película que se forma cuando se mezclan la leche y los huevos. Cuando desaparece, estamos cerca de los 85 °C, temperatura a la que hay que parar la cocción. Se puede utilizar un termómetro de cocina.

5 Raspar bien el fondo y las paredes del cazo con una espátula. Cuanto más se caliente la crema más cremosa será, pero hay más riesgo de que hierva y se cuaje.

1 Batir las yemas con el azúcar hasta obtener una crema untuosa. Incorporar la harina.

2 Hervir la leche en un cazo. Verter la mitad de la leche hirviendo sobre las yemas mezclando con un batidor. Volver a verter en el cazo sin parar de batir y raspar el fondo.

3 Sin dejar de batir, dejar hervir 1 o 2 minutos.

CREMA PASTELERA

700 G ✳ **PREPARACIÓN**: 10 MIN ✳ **COCCIÓN**: 10 MIN

INGREDIENTES
500 ml de leche
6 yemas de huevo
100 g de azúcar
50 g de harina

PARA AROMATIZAR AL GUSTO
35 g de praliné o 3 cucharaditas de extracto de café (6 g) o 120 g de chocolate fundido

4 Poner la crema en un recipiente para aromatizarla. Poner papel film encima, dejar enfriar y guardar en la nevera.

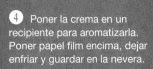

CREMA DE MANTEQUILLA

300 G ✳ **PREPARACIÓN**: 20 MIN ✳ **COCCIÓN**: 5 MIN

❶ Verter el agua y luego el azúcar en un cazo.

❷ Cocer a punto de bola blanda (120 °C).

INGREDIENTES

125 g de mantequilla reblandecida
100 g de azúcar
1 huevo entero
1 yema de huevo
20 ml de agua
4 g de extracto de vainilla o 2 g de extracto de vainilla + 3 g de extracto de café

PREVIAMENTE

Batir la mantequilla durante 2 o 3 segundos. Batir el huevo entero y la yema en un recipiente tipo jarra.

❸ Verter el azúcar cocido sobre los huevos. Batir con una batidora eléctrica hasta que la mezcla esté completamente fría y triplique su volumen.

❻ Utilizar inmediatamente.

❹ Verter en forma de hilo sobre la mantequilla en pomada batiendo lentamente.

❺ Aromatizar la crema con vainilla o con vainilla y café y batir de nuevo.

CREMA DE ALMENDRAS

300 G ✱ **PREPARACIÓN**: 15 MIN

1 Con una cuchara de madera, trabajar la mantequilla pomada en un recipiente no demasiado grande.

2 Tamizar el azúcar glas y las almendras molidas con un colador fino o con un tamiz encima de la mantequilla.

INGREDIENTES

85 g de almendras molidas
85 g de mantequilla reblandecida
85 g de azúcar glas

1 huevo entero
8 g de maicena
8 ml de ron

3 Mezclar con la cuchara de madera; la preparación tendrá la apariencia de arena mojada y pueden quedar trocitos de mantequilla. Añadir el huevo y mezclar bien.

4 Cuando la crema esté homogénea, incorporar la maicena y el ron. Cubrir con papel film y guardar en la nevera.

CREMA DE LIMÓN

300 G * **PREPARACIÓN**: 15 MIN * **COCCIÓN**: 5 A 10 MIN

1 Batir las yemas de huevo en un bol y verterlas en un cazo pasándolas por un tamiz fino.

2 Incorporar el zumo de limón y el azúcar mezclando con un batidor. Poner a fuego medio y mezclar de 5 a 10 minutos con una espátula de goma raspando los bordes del cazo.

INGREDIENTES

80 ml de zumo de limón
(1 o 2 limones)
La ralladura de ½ limón
125 g de azúcar
4 yemas de huevo (sin nada de clara)
60 g de mantequilla

CONSERVACIÓN

Cuando la crema de limón se ha enfriado completamente, ponerlo en un tarro tapado. Se puede conservar dos semanas en la nevera.

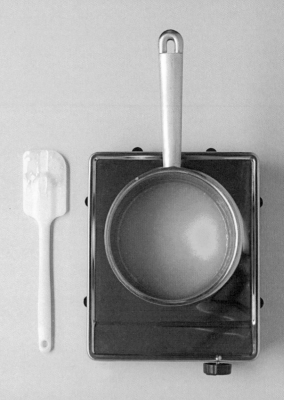

4 Incorporar la ralladura de limón y la mantequilla cortada en dados. Dejar enfriar en otro recipiente.

3 Pasar el dedo por encima de la espátula, la marca debe ser bien visible. Parar la cocción. La crema de limón continuará espesándose mientras se enfría.

GANACHE DE CHOCOLATE

100 G ✳ **PREPARACIÓN**: 5 MIN ✳ **COCCIÓN**: 10 MIN

① Hervir la nata y la leche en un cazo pequeño.

② Fuera del fuego, añadir el chocolate, esperar 1 minuto y mezclar hasta que esté fundido.

INGREDIENTES

50 g de chocolate con un 52 % de cacao
15 ml de nata líquida
50 ml de leche

③ Poner de nuevo a fuego medio y cocer 2 minutos a partir de la ebullición, mezclando con una espátula de goma.

④ Utilizar enseguida o verter en un recipiente pequeño, poner papel film sobre la ganache y dejar enfriar en la nevera.

CARAMELO

100 G ✳ **PREPARACIÓN:** 5 MIN ✳ **COCCIÓN:** 5 MIN

① Verter el agua en un cazo de fondo grueso y luego el azúcar.

② Calentar a fuego lento y batir hasta que el azúcar se disuelva.

③ Llevar a ebullición, frotando los lados con un pincel mojado.

④ En cuanto empiece a hervir, no tocar más y dejar que el caramelo coja color.

INGREDIENTES

100 g de azúcar
30 ml de agua

TRUCO

Para limpiar el cazo, llenarlo de agua y llevarlo a ebullición. Batir para despegar el caramelo y luego desechar todo.

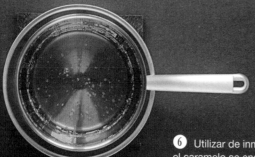

⑥ Utilizar de inmediato; el caramelo se endurece al enfriarse, lo que dificulta su empleo.

⑤ Detener la cocción sumergiendo el fondo del cazo unos segundos en agua fría.

① Calentar la nata a fuego medio en un cazo pequeño.

② Verter el agua y luego el azúcar en un cazo de fondo grueso.

③ Cuando todo el azúcar esté mojado, tapar y llevar a ebullición.

④ Destapar de vez en cuando y vigilar el caramelo, dejarlo hasta que adquiera un color caoba.

CARAMELO SALADO

200 G ✳ **PREPARACIÓN**: 10 MIN ✳ **COCCIÓN**: 10 MIN

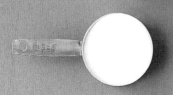

INGREDIENTES

100 g de azúcar
30 ml de agua
100 ml de nata líquida
15 g de mantequilla con sal

PREVIAMENTE

Cortar la mantequilla en trozos.

⑤ Apagar el fuego. Añadir la nata caliente de una sola vez. Mezclar con una espátula hasta que la mezcla esté lisa.

⑥ Fuera del fuego, incorporar la mantequilla salada. Mezclar y dejar enfriar para que el caramelo se espese.

SALSA DE CHOCOLATE

300 G ✳ **PREPARACIÓN**: 5 MIN ✳ **COCCIÓN**: 5 MIN

① Llevar a ebullición la leche y la nata líquida.

② Fuera del fuego, añadir los trozos de chocolate.

INGREDIENTES

110 g de chocolate
90 ml de leche
100 ml de nata líquida

PREVIAMENTE

Cortar el chocolate en trozos.

④ Poner de nuevo en el fuego. Al primer hervor, retirar del fuego y utilizar de inmediato.

③ Mezclar con la ayuda de una espátula de goma hasta que el chocolate se haya fundido completamente.

① Verter la nata fría y el azúcar glas en un bol mediano. Añadir las semillas de la vaina de vainilla. Poner el bol encima de los cubitos.

② Empezar a batir con una batidora eléctrica.

③ Inclinar el bol para incorporar el máximo de aire posible y batir a la velocidad máxima.

NATA CHANTILLÍ

550 G ✳ **PREPARACIÓN**: 10 MIN

INGREDIENTES

500 ml de nata líquida fría con 30 % de MG
50 g de azúcar glas
1 vaina de vainilla

PREVIAMENTE

Preparar un recipiente, más grande que el bol de la nata, con cubitos y agua bien fría.

TRUCOS

Para montar una pequeña cantidad de nata chantillí, utilizar un recipiente estrecho y alto (en este caso no es necesario el baño de agua fría). Añadir 1 cucharadita de alcohol: ron, cointreau, calvados u otro.

CON EL SIFÓN

Verter la nata, el azúcar y las semillas de vainilla en el sifón. Cerrar y colocar la cápsula de gas. Agitar enérgicamente.

COULIS DE FRUTOS ROJOS

200 G * **PREPARACIÓN**: 5 MIN * **COCCIÓN**: 1 MIN * **REPOSO**: 1 H

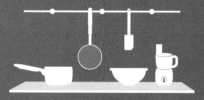

1 Verter el azúcar y la sal sobre los frutos descongelados aún en el baño María y mezclar 1 minuto para disolver el azúcar y la sal.

INGREDIENTES

200 g de frutos rojos congelados
50 g de azúcar
1 g de sal
6 ml de zumo de limón

PREVIAMENTE

Descongelar los frutos rojos al baño María como se explica en la página 21.

4 Añadir el zumo de limón. Mezclar bien, tapar y dejar al menos 1 hora en la nevera. Este coulis se conserva 4 días en la nevera.

2 Ponerlo todo en el recipiente de un robot con una cuchilla y triturar unos 20 segundos hasta que la mezcla esté homogénea.

3 Pasar por un colador fino aplastando el puré de fruta con una espátula de goma para extraer todo el jugo.

COMPOTA DE FRUTOS ROJOS

250 G ✳ **DESCONGELACIÓN:** 10 MIN ✳ **PREPARACIÓN:** 10 MIN ✳ **COCCIÓN:** 5 MIN

1 Escurrir los frutos y poner el jugo en un cazo (40 ml). Añadir el azúcar, la miel y el vinagre. Disolver el azúcar a fuego medio removiendo con un batidor.

2 Llevar a ebullición para que se espese. Para comprobar la cocción, sumergir una cuchara en el cazo y sacarla en seguida. El almíbar tiene que napar el dorso de la cuchara.

INGREDIENTES

230 g de frutos rojos congelados
20 g de azúcar
6 g de miel (1 cucharada pequeña)
8 g de vinagre balsámico (1 cucharada)

PREVIAMENTE

Poner los frutos rojos congelados en un recipiente resistente al calor colocado encima de una cacerola con agua hirviendo. Tapar con papel film y dejar descongelar, calcular aproximadamente 10 minutos, remover una vez al cabo de 5 minutos.

3 Dejar templar antes de añadir los frutos escurridos. El almíbar seguirá espesando cuando se enfríe.

4 Mezclar. Cuando la compota esté fría, cubrir con un film alimentario y guardar en la nevera.

GLASEADO

PARA 100 G ✳ **PREPARACIÓN**: 5 MIN

INGREDIENTES
½ clara de huevo
100 g de azúcar glas
1 cucharadita de zumo de limón

GLASEADO MÁS ESPESO
Se pueden añadir hasta 25 g
de azúcar glas (en varias veces).

CONSERVACIÓN
Algunos días en la nevera o un mes
en el congelador, en un recipiente
tapado. Al sacarlo de la nevera,
trabajarlo con un poco de azúcar
glas.

1 Poner la clara de huevo en un recipiente y añadir los 100 g de azúcar glas.

2 Mezclar con una espátula durante 2 minutos hasta obtener una crema blanca.

3 Incorporar el zumo de limón al final y mezclar de nuevo 10 segundos.

4 Verter el glaseado sobre el pastel, extender con una espátula larga y dejar que cuaje unos minutos antes de servir.

GLASEADO DE CHOCOLATE

200 G DE GLASEADO ✳ **PREPARACIÓN**: 5 MIN ✳ **COCCIÓN**: 10 MIN

❶ Fundir el chocolate a fuego muy suave o al baño María, alisar con una espátula de goma.

❷ Manteniendo el fuego muy suave o al baño María, añadir el azúcar glas y la mantequilla. Fundirlo todo mezclando.

INGREDIENTES

100 g de chocolate
40 g de mantequilla
3 cucharadas de agua
80 g de azúcar glas

PREVIAMENTE

Cortar la mantequilla y el chocolate en trozos.

❸ Retirar del fuego y añadir el agua, 1 cucharada cada vez. Si el glaseado no es lo suficientemente cremoso, ponerlo de nuevo a fuego suave y mezclar bien. Dejarlo templar un poco, si está demasiado frío no se extiende bien.

❹ Extender una capa gruesa de glaseado sobre el pastel, alisando con una espátula plana. Tener cuidado con las marcas de los dedos, ya que este glaseado no se endurece completamente.

2

cremas, torrijas y crepes

CREMAS Y MOUSSES

DULCES

FLAN

6 PERSONAS ✳ **PREPARACIÓN**: 20 MIN ✳ **COCCIÓN**: 50 MIN ✳ **REPOSO**: 1 H

1 Verter el azúcar en un cazo o una sartén de fondo grueso, en una capa no demasiado espesa, y poner a fuego vivo.

2 Cuando una parte del azúcar empiece a fundirse, mezclar sin parar con una espátula hasta que todo el azúcar se haya convertido en caramelo.

3 Sin esperar, verter el caramelo en el fondo de 6 flaneras.

INGREDIENTES

500 ml de leche
2 cucharadas de azúcar
2 huevos enteros
2 yemas de huevo
1 vaina de vainilla

CARAMELO SECO

100 g de azúcar

PREVIAMENTE

Calentar el horno a 150 °C. Preparar una fuente que pueda ir al horno suficientemente grande para que quepan 6 flaneras.

4 Abrir la vaina de vainilla y raspar las semillas. Verter la leche en el cazo y añadir las semillas y la vaina.

5 Añadir el azúcar, batir y llevar a ebullición. Retirar del fuego.

6 6 Mezclar los huevos enteros con las yemas de huevo.

7 Retirar la vaina de vainilla y verter la leche caliente encima de los huevos batiendo enérgicamente.

8 Repartir la mezcla entre las 6 flaneras.

9 Hervir 1 l de agua y verterla en la fuente hasta la mitad de la altura de las flaneras.

10 Hornear durante 40 minutos. El flan está cocido cuando al clavarle un cuchillo la hoja sale limpia. Guardar en la nevera.

11 Justo antes de servir, pasar un cuchillo entre el flan y el molde para despegar los bordes. Poner un plato sobre la flanera y darle la vuelta de golpe. Retirar el molde.

VERSIÓN TAMAÑO GRANDE

También se puede hacer el flan en un recipiente grande. En este caso, dejar cocer 1 hora.

PANNA COTTA

4 PERSONAS ✳ **PREPARACIÓN**: 15 MIN ✳ **COCCIÓN**: 7 MIN ✳ **REPOSO**: 2 H

1 Abrir la vaina de vainilla y ponerla en un cazo con la nata.

2 Calentar la nata 5 minutos a fuego medio con la vaina de vainilla.

3 Cuando la nata esté caliente, añadir el azúcar y batir para disolverlo.

4 Subir la temperatura del fuego. Cuando la nata empiece a hervir, retirar el cazo del fuego.

5 Esperar 1 minuto, retirar la vaina de vainilla y añadir la gelatina bien escurrida, (apretándola con las manos).

INGREDIENTES
400 ml de nata líquida
60 g de azúcar
1 vaina de vainilla
2 hojas de gelatina (4 g)

PREVIAMENTE
Poner en remojo la gelatina en agua fría.

6 Batir enérgicamente para que se incorpore bien. Dejar templar 5 minutos batiendo 1 o 2 veces para evitar que se forme una piel.

7 Repartir la nata entre 4 flaneras, batiendo a menudo para distribuir de manera uniforme las semillas de vainilla. Cuando las flaneras estén a temperatura ambiente, tapar con papel film y poner en la nevera por lo menos 2 horas.

8 Para desmoldar la panna cotta, hervir agua y verterla en un recipiente. Retirar el film alimentario y sumergir la flanera en el agua muy caliente, sin que llegue hasta el borde. Esperar de 8 a 10 segundos antes de sacarla del agua y darle la vuelta sobre un plato. Esperar que la panna cotta caiga sacudiéndola un poco.

PARA COMPROBAR SI LA PANNA COTTA ESTÁ CUAJADA

Sacar una panna cotta de la nevera y sacudirla ligeramente, estará bien cuajada si no tiembla cuando se mueve la flanera.

CUIDADO

Si los moldes no tienen las paredes muy gruesas, el calor del agua los calentará más rápidamente. No hay que dejarlos en el agua caliente más de 3 a 5 segundos.

CREMA QUEMADA

6 PERSONAS ✳ **PREPARACIÓN**: 20 MIN ✳ **COCCIÓN**: 1 H ✳ **REPOSO**: 2 H

① Separar las claras de las yemas de los huevos.

② Batir las yemas con el azúcar durante 2 minutos.

③ Añadir las semillas de vainilla a las yemas blanqueadas. Mezclar.

④ Incorporar la nata líquida. Mezclar.

INGREDIENTES

650 ml de nata líquida
1 vaina de vainilla
8 yemas de huevo
140 g de azúcar
60 g de azúcar mascabado

PREVIAMENTE

Calentar el horno a 100 °C en modo «ventilador».

⑦ Dejar enfriar sobre una placa o rejilla, luego tapar con papel film y reservar en la nevera como mínimo 2 horas. En el momento de servir, espolvorear por encima con azúcar moreno y caramelizar con un soplete de cocina.

⑤ Repartir la preparación entre 6 recipientes de crema puestos sobre una placa.

⑥ Hornear sobre la rejilla del horno. Al cabo de 1 hora comprobar la cocción moviendo un poco uno de los recipientes. Si la crema está cuajada y estable o si tiembla un poco, ya está cocida. De lo contrario, dejar cocer de 15 a 30 minutos más.

6 PERSONAS ✽ **PREPARACIÓN**: 15 MIN ✽ **COCCIÓN**: 35 MIN

1 Lavar el arroz.

2 Cocer el arroz en agua hirviendo durante 3 minutos. Escurrir.

3 Verter la leche en un cazo con la vaina de vainilla abierta y raspada, la sal y 1 cucharadita de azúcar.

4 Cuando hierva, verter el arroz. Tapar la mitad del cazo y cocer a fuego medio 20 minutos hasta que el arroz esté blando.

INGREDIENTES

200 g de arroz de grano redondo, preferentemente de la variedad arborio
750 ml de leche
1 vaina de vainilla
Una pizca de sal
130 g de azúcar
20 g de mantequilla

PARA SERVIR

200 ml de leche o de nata líquida

5 Cuando el arroz esté cocido, retirar del fuego, incorporar delicadamente el azúcar con un tenedor para no romper los granos. Poner de nuevo a fuego muy suave semi tapado 10 minutos.

6 Fuera del fuego, añadir la mantequilla. Dejar templar o enfriar antes de degustar.

7 Si se deja templar o enfriar el arroz, absorberá toda la leche. En este caso, en el momento de servir, incorporar la leche o la nata a la mezcla para volver a darle al arroz toda su untuosidad.

ISLA FLOTANTE

4 PERSONAS ✳ **PREPARACIÓN**: 40 MIN ✳ **COCCIÓN**: 25 MIN

1 Montar las claras a punto de nieve. Verter 30 g de azúcar a medio batir para que estén firmes.

2 Cuando estén completamente montadas, verter 60 g de azúcar y la pizca de sal. Seguir batiendo aproximadamente 1 minuto.

INGREDIENTES

1 dosis de crema inglesa (página 10) hecha con 600 ml de leche, 2 vainas de vainilla, 6 yemas de huevo y 120 g de azúcar
3 claras de huevo
90 g de azúcar
Una pizca de sal

CARAMELO

100 g de azúcar
30 ml de agua

PREVIAMENTE

Poner un cazo grande con agua al fuego y llevar a ebullición. Preparar un recipiente ancho con agua muy fría.

3 Depositar 3 cucharadas grandes de clara de huevo a punto de nieve en el agua hirviendo. Calcular 3 «islas» por persona. Tras 1 minuto de cocción, darles la vuelta con otra cuchara. Dejar cocer 1 minuto más.

4 Con una espumadera o una cuchara, retirar las claras y dejarlas enfriar en el agua fría unos 5 minutos, dándoles la vuelta a la mitad del tiempo. Cuando estén frías, con la espumadera pasar las claras a una caja con papel absorbente. Cerrar la caja y reservar en la nevera.

5 Preparar un caramelo. Verter el agua y luego el azúcar en un cazo pequeño. Esperar a que todo el azúcar esté bien mojado.

6 Poner a fuego fuerte, tapar y dejar que tome color vigilando la coloración de vez en cuando. Retirar del fuego cuando el color sea bastante oscuro.

7 Con una cucharilla, dibujar 4 formas como rejillas formadas por hilos de caramelo sobre un papel de horno. Dejar que se endurezcan unos minutos.

8 En el momento de servir, verter la crema inglesa en platos hondos y poner encima 3 claras de huevo.

9 Despegar las formas de caramelo del papel de horno y ponerlas con cuidado encima de cada plato.

MOUSSE DE CHOCOLATE

300 G ✳ 20 MIN ✳ **PREPARACIÓN**: 5 MIN ✳ **COCCIÓN**: 5 MIN ✳ **REPOSO**: 2 H

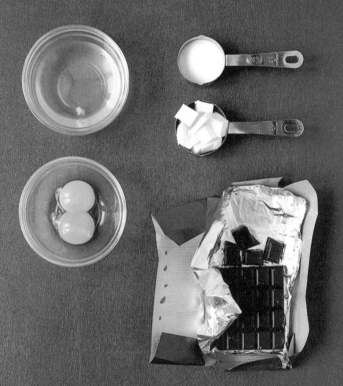

① Poner a fuego suave. Cuando se haya fundido, dejar el chocolate 1 minuto en la mantequilla y luego mezclar.

② Retirar del fuego.

③ Montar las claras a punto de nieve firme vertiendo el azúcar a la mitad del proceso.

④ Poner las yemas de huevo en un bol grande y añadir una tercera parte del chocolate batiendo.

INGREDIENTES

125 g de chocolate con un mínimo de 52 % de cacao
50 g de mantequilla semisalada
2 yemas de huevo
20 g de azúcar
3 claras de huevo

PREVIAMENTE

Cortar la mantequilla en trocitos, ponerlos en un cazo con el chocolate troceado encima.

⑥ Poner la mousse en cazuelitas. Dejar cuajar por lo menos 2 horas en la nevera.

⑤ Hacer la misma operación con los dos tercios restantes. Añadir una cuarta parte de la claras montadas batiendo. Incorporar delicadamente el resto de las claras en tres veces.

1 Cortar el pan en rebanadas gruesas, ponerlas planas para que se sequen un poco.

2 Batir los huevos, la leche, el azúcar y el extracto de vainilla.

3 Sumergir las rebanadas de pan, de una en una, de 10 a 15 segundos. Dejar escurrir unos segundos encima del bol.

4 Ponerlas verticalmente dentro de otro bol.

TORRIJAS

6 PERSONAS ✳ **PREPARACIÓN**: 15 MIN ✳ **COCCIÓN**: 5 MIN

INGREDIENTES

500 g de pan de molde entero
2 huevos
350 ml de leche
40 g de azúcar

Unas gotas de extracto de vainilla
45 g de mantequilla
2 plátanos
1 cestita pequeña de fresas
Sirope de arce

5 Calentar 15 g de mantequilla en una sartén plana. Cuando empiece a tomar color, poner las rebanadas de pan. Dejar cocer hasta que se doren, unos 2 o 3 minutos. Darles la vuelta y dejarlas dorar por el otro lado, 1 o 2 minutos.

6 Servir las torrijas con el plátano en rodajas, las fresas y el sirope de arce.

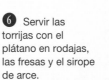

CREPES

10 CREPES ✳ **PREPARACIÓN**: 15 MIN ✳ **COCCIÓN**: 15 MIN

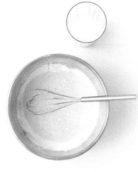

1 Fundir la mantequilla en una sartén para crepes y, una vez fundida, verterla en un recipiente pequeño, dejar templar.

2 Mezclar el azúcar, la sal y la harina en un recipiente grande. Hacer un pozo y cascar los huevos en el centro.

3 Batir los huevos. Verter la mitad de la leche despacio en forma de hilo incorporando la harina poco a poco.

4 Cuando la masa esté lisa, añadir la mantequilla fundida y mezclar.

INGREDIENTES

3 huevos
120 g de harina
250 ml de leche
35 g de mantequilla semisalada y un poco más para el relleno

1 cucharada (15 g) de azúcar moreno fino o blanco, y un poco más para el relleno
Una pizca de sal

7 Cuando los bordes de la crep se despeguen y se dore, darle la vuelta. Dejar cocer unos segundos y ponerla en un plato. Bajar un poco el fuego y seguir con el resto.

5 Verter el resto de la leche y mezclar de nuevo.

6 Secar la mantequilla de la sartén con un papel absorbente y guardarlo para ir engrasándola. Calentar la sartén a fuego fuerte. Verter ½ cucharón de masa inclinando la sartén para cubrirla toda.

1 Mezclar la leche y el zumo de limón. Añadir el huevo y batir.

2 Añadir la mantequilla fundida y batir.

3 Mezclar la harina, la levadura, el bicarbonato, el azúcar y la sal en un recipiente grande. Hacer un hoyo en el centro y verter los ingredientes líquidos. Batir con las varillas de mano.

4 Dejar de batir cuando la masa sea homogénea; si se bate demasiado, las tortitas quedan secas.

5 Subir un poco la temperatura (a fuego medio) y verter varios cucharones de masa para formar tortitas que no se toquen entre sí.

6 Sacar los arándanos del congelador y poner bastantes sobre cada tortita.

7 Dejar que cuezan hasta que se formen burbujas en la superficie y la parte inferior adquiera un bonito color dorado (máximo 2 minutos). Dar la vuelta a las tortitas y cocerlas por el otro lado hasta que estén doradas. Guardarlas en el horno a 100 °C directamente sobre una rejilla.

TORTITAS CON ARÁNDANOS

16 PIEZAS ✳ **PREPARACIÓN**: 15 MIN ✳ **COCCIÓN**: 5 MIN

INGREDIENTES

10 ml de zumo de limón
450 ml de leche a temperatura ambiente
60 g de mantequilla
1 huevo a temperatura ambiente
280 g de harina de fuerza
25 g de azúcar
12 g de levadura en polvo
4 g de bicarbonato
4 g de sal

130 g de arándanos congelados (pesarlos y guardarlos en el congelador) o frescos
Sirope de arce

PREVIAMENTE

Derretir la mantequilla en una sartén poco honda. Poner una fina película en la sartén para cocer las tortitas (reservar el resto para la masa) y dejar la sartén a fuego lento durante la preparación de la masa.

8 Apilar las tortitas en los platos y cubrirlas con sirope de arce.

TRUCO

Lo ideal es trabajar con varias sartenes antiadherentes al mismo tiempo. Si se trabaja con una sola sartén, sumergir un papel de cocina absorbente en la mantequilla fundida y utilizarlo para engrasar la sartén entre una tanda y otra.

---- * 3 * ----

pasteles fáciles

BÁSICAS

CHOCOLATE

DE FRUTAS

PASTEL DE YOGUR

8 PERSONAS * **PREPARACIÓN**: 15 MIN * **COCCIÓN**: 35 MIN

INGREDIENTES

3 huevos
1 yogur natural
120 ml de aceite de girasol y un poco
más para el molde
240 g de azúcar
240 g de harina de fuerza
½ sobre de levadura en polvo

4 g de sal
½ limón

PREVIAMENTE

Calentar el horno a 180 °C.
Engrasar un molde desmontable de
22 cm de diámetro. Exprimir el limón
y reservar el zumo.

6 Verter en el molde y hornear durante 50 minutos. Poner a enfriar sobre una rejilla para pasteles.

1 Cascar los huevos en un recipiente grande y batirlos como para tortilla.

2 Añadir el yogur y seguir batiendo.

3 Verter el aceite y volver a batir.

4 Incorporar el azúcar sin dejar de batir con las varillas. Finalmente, añadir el zumo de limón.

5 Mezclar la harina, la levadura y la sal en un recipiente. Añadirlos a los ingredientes líquidos y batir.

1 Con una batidora eléctrica, batir la mantequilla unos 15 segundos, hasta que esté bien lisa.

2 Sin parar de batir, espolvorear lentamente el azúcar sobre la mantequilla, esto nos llevará unos 30 segundos. Seguir batiendo de 4 a 5 minutos hasta que la mantequilla esté casi blanca.

COMO UN CUATRO CUARTOS

8 A 10 PERSONAS ✳ **PREPARACIÓN**: 25 MINUTES ✳ **COCCIÓN**: 55 MINUTES

3 Mezclar los huevos enteros y las yemas con el extracto de vainilla y el agua en un recipiente tipo jarra.

4 Verterlo todo lentamente sobre la mantequilla batida, sin parar de batir a velocidad media.

INGREDIENTES

225 g de mantequilla en pomada, más 10 g para el molde
265 g de azúcar
3 huevos y 3 yemas
10 g de extracto de vainilla
8 ml de agua
4 g de sal
180 g de harina

PREVIAMENTE

Calentar el horno a 165 °C y poner una rejilla en medio. Untar abundantemente con mantequilla un molde de savarin (molde de corona) o un molde alargado y reservarlo en la nevera.

5 Incorporar harina y sal. Trabajar la masa con una espátula de goma.

6 Verter la masa en el molde de corona. Alisar la superficie con el dorso de una cuchara y hornear 55 minutos. Para desmoldarlo, esperar 5 minutos después de sacarlo del horno. Dar la vuelta al pastel encima de un plato y luego ponerlo en una rejilla.

PAN DE MAÍZ

8 PERSONAS ✳ **PREPARACIÓN**: 15 MIN ✳ **COCCIÓN**: 30 MIN

1 Fundir la mantequilla en un cazo pequeño. Retirar del fuego.

2 Verter la polenta, la harina, el bicarbonato, la levadura, el azúcar y la sal en un recipiente grande.

3 Mezclar todos estos ingredientes y hacer un pozo en medio.

4 Cascar los huevos en el centro del pozo. Mezclar delicadamente con una cuchara de madera.

INGREDIENTES

30 g de mantequilla fundida, más un poco para el molde
150 g de sémola de maíz (polenta) no precocida
150 g de harina
8 g de levadura
4 g de bicarbonato
20 g de azúcar
4 g de sal

2 huevos
150 ml de leche
150 ml de leche agria

PREVIAMENTE

Calentar el horno a 220 °C y poner una rejilla en medio. Untar con mantequilla un molde (de 28 cm de largo) o un molde cuadrado (de 18 cm de lado).

5 Añadir la leche y la leche agria. Mezclar bien hasta que no se vean los ingredientes secos y se hayan incorporado a la masa.

6 Verter la mantequilla fundida y mezclar de nuevo hasta obtener una preparación homogénea.

7 Verter la masa en el molde y hornear durante 30 minutos.

8 Sacar el pastel del horno cuando esté cocido (tiene que quedar bien dorado). Dejar enfriar sobre una rejilla durante 5 o 10 minutos.

DEGUSTACIÓN

En el momento de servir, cortar el pan en cuadrados o en rebanadas. Degustarlo templado con una nuez de mantequilla. Se puede comer solo, como un pastel, o acompañando platos salados como sopas o verduras, por ejemplo.

PARA RECALENTARLO

Tapar el pan si no se va a servir en seguida. Se recalienta de 5 a 10 minutos en el horno a 100 °C.

VARIANTE

La mayoría de polentas de las tiendas son precocidas. Se pueden utilizar para esta receta pero el resultado será un poco más seco.

PASTEL MARMOLADO

8 PERSONAS ✳ **PREPARACIÓN:** 30 MIN ✳ **COCCIÓN:** 1 H 05

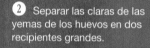

1 Derretir la mantequilla en un cazo. Retirar del fuego enseguida.

2 Separar las claras de las yemas de los huevos en dos recipientes grandes.

INGREDIENTES

200 g de mantequilla
4 huevos
200 g de azúcar
4 g de sal
200 g de harina de fuerza
2 bolsitas de azúcar a la vainilla
30 g de cacao en polvo

PREVIAMENTE

Calentar el horno a 180 °C y colocar la rejilla en el centro. Untar con mantequilla un molde rectangular de 28 cm de largo.

3 Añadir el azúcar y la sal a las yemas. Mezclar bien con una cuchara de madera.

4 Añadir a continuación pequeñas cantidades de harina y de mantequilla fundida, alternándolas.

5 Montar las claras a punto de nieve, incorporando un sobrecito de azúcar a la vainilla hacia la mitad del proceso.

6 Mezclar las claras a punto de nieve con la masa. Trabajar con la cuchara de madera.

7 Repartir la mezcla en dos recipientes. Incorporar el cacao en uno y el resto del azúcar a la vainilla en el otro.

8 Con una cuchara, repartir las dos preparaciones en el molde, alternándolas para crear el efecto marmolado.

9 Hornear durante 1 hora. Para comprobar el punto de cocción, clavar la punta de un cuchillo en el centro del pastel: debe salir seca.

COULANTS DE CHOCOLATE

5 PERSONAS ✳ **PREPARACIÓN**: 15 MIN ✳ **COCCIÓN**: 15 A 18 MIN

INGREDIENTES

115 g de mantequilla
115 g de chocolate
115 g de azúcar
4 huevos
50 g de harina de repostería

PREVIAMENTE

Calentar el horno a 180 °C. Poner una rejilla en medio. Cortar la mantequilla y el chocolate en trozos.

1 Poner la mantequilla y luego el chocolate en un cazo.

2 Calentar a fuego suave, fundir la mantequilla, esperar 1 minuto y mezclar con la espátula de goma.

3 Cuando la mezcla esté lisa, retirar el cazo del fuego.

4 En un recipiente tipo jarra, batir los huevos con el azúcar enérgicamente hasta que el azúcar se haya disuelto.

5 Verter el chocolate fundido sobre los huevos batidos. Mezclar con el batidor de varillas.

8 Hornear de 15 a 18 minutos.

COMPROBAR LA COCCIÓN

Al mover la flanera en el horno su centro debe apenas moverse. Atención: el tiempo de cocción depende del tamaño del recipiente y de su grosor.

6 Añadir la harina en tres veces, mezclando siempre con la espátula de goma.

7 Llenar hasta el borde 5 flaneras de 7 cm de diámetro y 5 cm de altura.

PASTEL DE CHOCOLATE

8 PERSONAS ✳ **PREPARACIÓN:** 20 MIN ✳ **COCCIÓN:** 30 MIN

1 Poner la mantequilla y el chocolate en un cazo a fuego medio-suave. Cuando la mantequilla se haya fundido, apagar el fuego y mezclar con una espátula hasta que el chocolate se haya fundido.

2 Batir los huevos y añadir el azúcar. Batir enérgicamente de 1 a 2 minutos.

INGREDIENTES

5 huevos
170 g de azúcar
220 g de mantequilla, más 10 g para el molde
200 g de chocolate con un 60 % de cacao
80 g de almendra molida tamizada

PREVIAMENTE

Calentar el horno a 180 °C y poner una rejilla en medio. Untar abundantemente con mantequilla un molde de tarta de 22 cm de diámetro, o un molde rectangular y reservarlo en la nevera.

3 Verter el chocolate sobre los huevos y mezclar con el batidor de varillas. Añadir las almendras molidas y mezclar de nuevo.

4 Verter la masa en el molde. Hornear de 25 a 30 minutos.

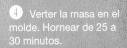

BROWNIE

8 A 10 PERSONAS ✳ **PREPARACIÓN:** 20 MIN ✳ **COCCIÓN:** 30 MIN

1 Picar las nueces con un cuchillo en trozos gruesos.

2 Poner la mantequilla en un cazo, luego el chocolate en trozos por encima. Poner a fuego suave y alisar con una espátula de goma cuando la mantequilla se haya fundido.

3 Verter el azúcar y mezclar 2 minutos. Retirar del fuego.

INGREDIENTES

120 g de nueces
200 g de mantequilla
115 g de chocolate con
un 70 % de cacao
200 g de azúcar
4 huevos
3 g de extracto de vainilla
140 g de harina
1 g de sal

PREVIAMENTE

Calentar el horno a 180 °C y poner una rejilla en medio. Untar con mantequilla un molde cuadrado de 22 cm de lado. Cortar la mantequilla en dados.

4 Verter en un recipiente y dejar templar unos 10 minutos, luego añadir los huevos de uno en uno batiendo bien.

5 Incorporar el extracto de vainilla y volver a batir.

6 A parte, mezclar la harina y la sal. Verterlo todo sobre el chocolate fundido. Mezclar con la espátula de goma hasta que no se pueda distinguir la harina seca.

9 Cuando el pastel esté cocido, dejar enfriar sobre una rejilla.

COMPROBAR LA COCCIÓN

La masa no debe moverse cuando sacudimos el molde. Pero la hoja de un cuchillo no sale seca cuando la clavamos.

CONSERVACIÓN

Cortar cuadrados de 6 cm de lado. Envolverlos individualmente con papel film. Se conservarán hasta 4 días en la nevera.

7 Finalmente, añadir las nueces. Mezclar bien una última vez.

8 Verter la preparación en el molde y hornear 30 minutos.

PASTEL DE CHOCOLATE TRUFADO

6 PERSONAS ✳ **PREPARACIÓN:** 15 MIN ✳ **COCCIÓN:** 35 MIN

1 Cascar los huevos en un recipiente, batirlos a punto de tortilla y reservar.

2 En un cazo, calentar el azúcar y el agua a fuego medio batiendo para disolver el azúcar. Cuando se haya disuelto, llevar a ebullición y retirar del fuego inmediatamente.

3 Agregar el chocolate en trozos y mezclar hasta que se funda.

4 Añadir la mantequilla en dados y mezclar para incorporarla completamente.

INGREDIENTES

3 huevos
150 g de azúcar
140 g de agua
200 g de chocolate con un 52 % de cacao
135 g de mantequilla
20 g de harina
cacao en polvo

PREVIAMENTE

Calentar el horno a 180 °C. Untar con mantequilla un molde de 22 cm de diámetro y cubrir el fondo con papel vegetal.

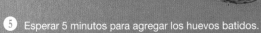

5 Esperar 5 minutos para agregar los huevos batidos.

6 Espolvorear la harina sobre la mezcla de chocolate e incorporarla con las varillas.

7 Verter la mezcla en el molde y cocer 30 minutos en el horno al baño María (sacudir para ver si el centro del pastel ya no se mueve).

8 Sacar el pastel del horno y dejarlo enfriar 5 minutos sobre una rejilla antes de desmoldar sobre un plato. Envolverlo en papel film cuando esté completamente frío.

9 Poner el pastel en la nevera hasta el momento de servir (es mejor cuando está muy frío). Para decorarlo, espolvorearlo con el cacao en polvo tamizado.

LA COCCIÓN AL BAÑO MARÍA EN EL HORNO
En el momento de ponerlo, precalentar el horno, introducir una segunda rejilla debajo de la primera. Poner encima de esta una fuente refractaria honda. Justo antes de meter el pastel en el horno, echar agua caliente en la fuente.

CRUMBLE DE MANZANAS

6 PERSONAS ✳ **PREPARACIÓN**: 20 MIN ✳ **COCCIÓN**: 45 MIN

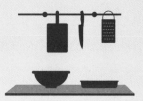

1 Untar con mantequilla un molde cuadrado de unos 25 cm de lado.

2 Lavar el limón, secarlo y rallar la piel muy fina.

3 Pelar, cortar en cuartos y retirar el corazón de las manzanas. Luego cortarlos en trozos.

4 Ponerlas en un recipiente y mezclar con la cucharada de azúcar mascabado y la ralladura de limón.

INGREDIENTES

4 manzanas golden (800 g)
120 g de azúcar mascabado, más
1 cucharada
150 g de mantequilla en pomada
120 g de copos de avena
120 g de harina
Una pizca de canela

Una pizca de sal
La ralladura de 1 limón ecológico

PREVIAMENTE

Calentar el horno a 180 °C.

5 Mezclar bien los ingredientes secos con 120 g de mantequilla en dados.

6 Verter las manzanas en el molde, y luego el crumble por encima.

8 Cocer durante 45 minutos hasta que la masa de crumble esté bien dorada. Servir caliente con crème fraîche espesa.

CONSEJO

Si el crumble se prepara con antelación, recalentarlo 15 minutos en el horno a 120 °C antes de servirlo.

7 Repartir la mantequilla restante en trozos por encima.

1 Untar el molde con mantequilla y espolvorear una cucharada de azúcar encima.

2 Disponer las cerezas planas, con el lado cortado hacia el fondo.

CLAFOUTIS

4 A 6 PERSONAS ✳ **PREPARACIÓN**: 20 MIN ✳ **COCCIÓN**: 30 MIN

3 Batir los huevos y añadir el azúcar. Batir hasta que la mezcla se espese.

4 Verter la nata líquida, la leche, la vainilla líquida y la sal. Mezclar enérgicamente.

INGREDIENTES

500 g de cerezas frescas
2 huevos
65 g de azúcar, más 1 cucharada
70 g de harina
100 ml de nata líquida
140 ml de leche
1 cucharadita de vainilla líquida
Una buena pizca de sal
1 sobre de azúcar vainillado
10 g de mantequilla para el molde

PREVIAMENTE

Calentar el horno a 180 °C.
Limpiar las cerezas, sacarles el rabo y el hueso. Preparar un molde rectangular de 20 x 30 cm o un molde redondo de 22 cm.

5 Añadir la harina y mezclar lo menos posible, no importa si quedan pequeños grumos.

6 Verter la preparación encima de las cerezas.

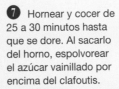

7 Hornear y cocer de 25 a 30 minutos hasta que se dore. Al sacarlo del horno, espolvorear el azúcar vainillado por encima del clafoutis.

VARIANTE

Utilizar 450 g de cerezas en conserva, escurridas.

PASTEL DE ZANAHORIA

8 PERSONAS ✳ **PREPARACIÓN:** 20 MIN ✳ **COCCIÓN:** 55 MIN

① En un recipiente, mezclar la harina, el bicarbonato, la levadura, las especias y la sal. Abrir un hoyo en el centro.

② En otro recipiente, batir los huevos para romper las yemas.

③ Añadir el azúcar y batir para obtener una consistencia cremosa.

④ Verter el aceite en un chorrito como para hacer mayonesa.

INGREDIENTES

180 g de harina de fuerza
4 g de levadura
4 g de bicarbonato
4 g de canela en polvo
4 g de mezcla de cuatro especias
4 g de sal
3 huevos y 210 g de azúcar
140 g de aceite de girasol
60 g de compota de manzana

225 g de zanahorias ralladas
50 g de nueces picadas
45 g de pasas

PREVIAMENTE

Calentar el horno a 180 °C y poner una rejilla en el centro con una bandeja de horno encima. Untar con mantequilla un molde rectangular de 28 cm de largo.

⑤ Añadir a continuación la compota de manzana.

⑥ Verter la mezcla en el hoyo abierto en la harina.

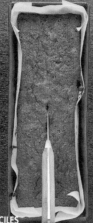

⑧ Hornear el pastel durante 55 minutos. Cuando esté hecho, pasar un cuchillo entre el pastel y el molde. Dejar que repose 15 minutos antes de desmoldarlo sobre una rejilla. Para glasearlo, esperar a que esté completamente frío. Cortar en rodajas gruesas de unos 2 cm.

⑦ Mezclar con una espátula de goma y, hacia la mitad del proceso, añadir las zanahorias ralladas, nueces y pasas. Seguir trabajando la masa hasta que quede homogénea. Echarla en el molde rectangular.

GLASEADO

PREPARACIÓN: 10 MIN

1 Con una espátula, trabajar el queso fresco y la mantequilla reblandecida hasta que estén completamente lisos.

2 Ponerlo en el recipiente de un robot, añadir el zumo de limón y el extracto de vainilla, triturar 5 segundos. Rascar los bordes del recipiente con una espátula.

INGREDIENTES

75 g de queso cremoso (queso fresco tipo Philadelphia®)
25 g de mantequilla reblandecida
1 cucharadita de zumo de limón

1 cucharadita de extracto de vainilla
50 g de azúcar glas tamizado

3 Añadir el azúcar glas y triturar de nuevo, máximo 10 segundos, hasta obtener una mezcla cremosa.

4 Tapar con papel film y guardar en la nevera 4 días como máximo. En el último momento extender el glaseado por encima del pastel.

PAN DE PLÁTANO

8 A 10 PERSONAS ✳ **PREPARACIÓN:** 25 MIN ✳ **COCCIÓN:** 50 MIN

INGREDIENTES

150 g de mantequilla reblandecida
150 g de azúcar
3 huevos a temperatura ambiente
4 plátanos
9 g de extracto de vainilla
330 g de harina
9 g de levadura
75 g de nueces

PREVIAMENTE

Calentar el horno a 180 °C.

1 Batir la mantequilla durante 15 segundos con la batidora eléctrica, luego añadir el azúcar.

2 Seguir batiendo unos minutos con la batidora eléctrica hasta obtener una mezcla de color claro, ligera y esponjosa.

3 Batir los huevos y verterlos lentamente sobre la mezcla de mantequilla y azúcar, sin dejar de batir a velocidad media.

4 Chafar los plátanos y añadirlos con el extracto de vainilla a la mezcla anterior. Mezclarlo todo con un batidor de varillas.

6 Verter la masa en un molde antiadherente o untado con mantequilla. Hornear de 50 minutos a 1 hora. Cuando el pastel esté cocido, esperar 15 minutos antes de desmoldarlo. Degustarlo solo, en rebanadas no demasiado gruesas, o con mantequilla y mermelada.

5 Picar las nueces en trozos gruesos y ponerlas en un recipiente. Añadir la harina y la levadura. Mezclar bien. Incorporar estos ingredientes secos a la mezcla de plátano, trabajando la masa con una espátula de goma para que sea homogénea.

1 Mezclar la harina, el bicarbonato, la sal, las especias y el cacao.

2 Aparte, mezclar la mantequilla fundida, el sirope de arce, el azúcar, la leche agria, la leche y el huevo.

3 Mezclar bien todos estos ingredientes con la batidora eléctrica, a velocidad lenta.

4 Añadir los ingredientes secos y batir a velocidad media hasta que la masa esté homogénea.

PAN DE JENGIBRE

8 A 10 PERSONAS ✳ **PREPARACIÓN**: 15 MIN ✳ **COCCIÓN**: 1 H

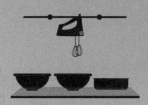

INGREDIENTES

100 g de mantequilla, más 10 g para el molde
315 g de harina
3 g de sal
4 g de bicarbonato
5 g de jengibre en polvo
3 g de mezcla de cuatro especias
3 g de cacao en polvo
2 g de canela en polvo
2 g de nuez moscada en polvo

230 g de sirope de arce
150 g de azúcar
110 ml de leche agria
110 ml de leche
1 huevo

PREVIAMENTE

Calentar el horno a 180 °C. Dejar a temperatura ambiente los ingredientes líquidos y el huevo por lo menos 30 minutos antes. Fundir la mantequilla.

5 Untar generosamente con mantequilla un molde de 28 cm de largo. Verter la masa en el molde y hornear 55 minutos.

6 Sacar el pastel del horno y dejar enfriar 10 minutos antes de desmoldarlo sobre una rejilla. Cuando esté a temperatura ambiente, envolverlo con papel film.

4

rellenos y montados

MASA BOMBA

300 G - 20 LIONESAS ✳ **PREPARACIÓN**: 20 MIN ✳ **COCCIÓN**: 30 MIN

INGREDIENTES

2 huevos
120 ml de agua
50 g de mantequilla
cortada en dados
2 g de sal
75 g de harina

PREVIAMENTE

Calentar el horno a 220°C en
modo «ventilador» y poner una
rejilla en medio. Cubrir una
placa con papel de horno.

1 Poner el agua, la mantequilla
y la sal en un cazo. Calentar
a fuego medio hasta que la
mantequilla se funda.

2 Dejar que hierva y retirar el
cazo del fuego.

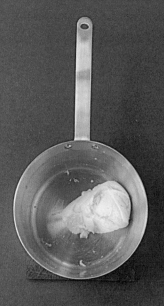

3 Añadir la harina en una sola
vez. Mezclar con una cuchara de
madera por lo menos 1 minuto
hasta que la masa se despegue
de las paredes formando una
bola (hay que desecar la masa).

4 Incorporar primero la mitad
de los huevos, luego la otra
mitad. Cuando se coge un trozo
de masa con la espátula, debe
quedar pegada a ella y luego caer
formando una punta. Si la masa
no se pega a la espátula o no se
cae, añadir un huevo.

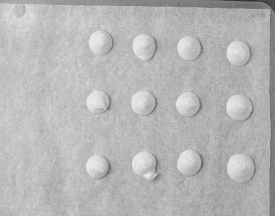

5 Llenar una manga pastelera. Sobre una placa, formar lionesas de unos 4 cm de diámetro bien espaciadas, para dejarles sitio cuando se hinchen y permitir la circulación del aire caliente durante la cocción.

6 Cocer al horno 10 minutos, luego dejar la puerta del horno entreabierta con la ayuda de una espátula y seguir la cocción 5 minutos. Dejar enfriar encima de una rejilla.

CÓMO COCER LAS LIONESAS
No abrir nunca la puerta del horno mientras las lionesas no se hayan hinchado. Esperar a que estén bien doradas antes de sacarlas del horno.

PARA OBTENER LIONESAS BIEN HINCHADAS
Mantener la manga pastelera llena de masa perpendicular a la placa de horno, unos centímetros por encima. Presionar la manga para que salga la masa, manteniéndola siempre perpendicular sin cambiar de posición.

INGREDIENTES
1 dosis de masa bomba (página 60)
10 g de azúcar granulado

1 Preparar la masa bomba (página 60) añadiendo el azúcar con la sal. Hacer las lionesas separándolas bien en la placa de cocción y espolvorear con azúcar granulado.

2 Cocerlas 15 minutos a 200 °C, luego 5 minutos más con el horno entreabierto. Sacarlas del horno y dejar enfriar sobre la placa.

LIONESAS DE PRALINÉ

10 LIONESAS ✳ **PREPARACIÓN**: 40 MIN ✳ **COCCIÓN**: 25 MIN

1 Agujerear el fondo de cada lionesa con una boquilla pequeña.

2 Llenar una manga pastelera con una boquilla de 8 mm de diámetro con la crema pastelera de praliné.

3 Rellenar las lionesas con la crema de praliné. Cuando estén bien llenas y la crema salga por el agujero, ponerlas del derecho.

4 Preparar un caramelo seco como se explica en la página 26.

PREVIAMENTE

10 lionesas preparadas con 150 g de masa bomba (página 60)
100 g de azúcar
1/3 de la cantidad de crema pastelera (página 11)
20 g de praliné

PREVIAMENTE

Preparar la crema pastelera añadiendo el praliné a la crema caliente recién hecha. Dejar enfriar la crema y batir con la batidora eléctrica para darle una consistencia lisa y cremosa.

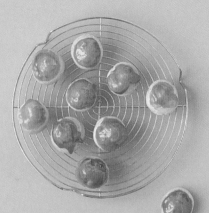

6 Dejar endurecer unos instantes.

VARIANTE

Si se desea un caramelo más límpido pero menos rápido, preparar la receta de caramelo de la página 16.

5 Poner el cazo sobre un paño y mojar las lionesas de una en una.

1 Cortar un sombrero en el tercio superior de las lionesas con un cuchillo de sierra. Reservar los sombreros.

2 Batir de nuevo la nata chantillí para que esté bien firme. Llenar una manga pastelera con una boquilla rizada de 16 mm.

3 Rellenar la base de las lionesas con la nata dejando que salga por los bordes.

LIONESAS DE CHANTILLÍ

10 LIONESAS ✳ **PREPARACIÓN**: 40 MIN ✳ **COCCIÓN**: 1 H

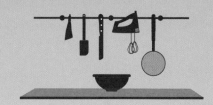

INGREDIENTES

10 lionesas preparadas con 150 g de masa bomba (página 60), cubiertas con almendras laminadas
½ dosis de nata chantillí (receta página 19)
Azúcar glas

PREVIAMENTE

Formar las lionesas de 5 cm de diámetro sobre una placa antiadherente, sin papel, y cubrirlas generosamente con almendras laminadas. Inclinar la placa para eliminar el exceso de almendras. Hornear de 1 h a 1 h y 10 min a 150 °C. Ponerlas sobre una rejilla y dejar enfriar.

4 Poner de nuevo la parte de arriba de las lionesas presionando ligeramente encima. Espolvorear con azúcar glas y servir.

PROFITEROLES

20 LIONESAS ✳ **PREPARACIÓN**: 30 MIN ✳ **COCCIÓN**: 35 MIN

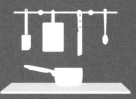

1 Verter la leche y la nata en un cazo. Dejar que rompa el hervor.

2 Fuera del fuego, añadir el chocolate en trozos y alisar la crema. Poner de nuevo en el fuego y dejar que rompa el hervor. Retirar enseguida del fuego.

INGREDIENTES

½ l de helado de vainilla
20 petisús preparados con 300 g de masa bomba (página 60)

SALSA DE CHOCOLATE

110 g de chocolate
90 ml de leche
100 ml de nata líquida

PREVIAMENTE

Dejar templar los petisús, luego cortar los sombreros en el tercio superior con un cuchillo de sierra. Sacar el helado del congelador. Cortar el chocolate en trozos.

4 Verter la salsa de chocolate caliente en platos hondos. Poner 3 profiteroles en cada plato y regar por encima con un poco de salsa de chocolate.

3 Con una cucharilla de café, rellenar los petisús con helado reblandecido dejando que salga por los bordes. Poner de nuevo los sombreros encima de los petisús.

10 LIONESAS ✶ **PREPARACIÓN:** 45 MIN ✶ **COCCIÓN:** 40 MIN ✶ **REPOSO:** 15 MIN

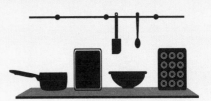

① Fundir el chocolate en trozos a fuego suave con el aceite.

② Mezclar bien para alisar el chocolate.

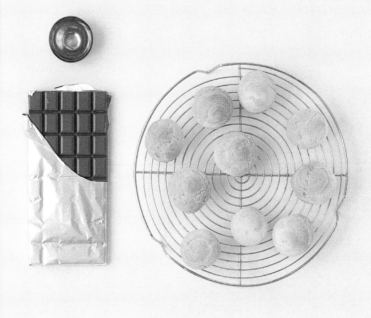

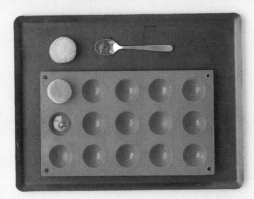

INGREDIENTES

10 lionesas preparadas con 150 g de masa bomba (página 60)
120 g de chocolate con leche

1 cucharada de aceite neutro (cacahuete, semillas de uva, girasol, etc.)

③ Preparar moldes de silicona de media esfera (de 20 a 25 medias esferas con una base de 4 cm de diámetro). Verter una cucharadita de glaseado en cada hoyo y poner una lionesa del revés encima. Presionar ligeramente para que el glaseado cubra los bordes de la lionesa. Hacer lo mismo con las demás lionesas.

④ Ponerlas en el congelador unos 15 minutos para que se endurezca bien el glaseado. Desmoldar.

⑤ Esperar unos minutos para que se derrita la escarcha y para que el glaseado quede bien brillante antes de servir.

PETISÚS DE CHOCOLATE

14 PIEZAS ✳ **PREPARACIÓN**: 30 MIN ✳ **COCCIÓN**: 35 MIN

1 Derretir el chocolate a fuego muy lento (o al baño María.) Remover con una espátula de goma.

2 Con el fuego muy bajo, añadir el azúcar glas y la mantequilla cortada en dados. Derretir todo mezclando. Retirar del fuego y añadir el agua cucharada a cucharada.

INGREDIENTES

6 petisús de 10 cm de largo preparados con masa bomba (p. 60)
700 g de crema pastelera aromatizada con chocolate (p. 11)

GLASEADO DE CHOCOLATE

100 g de chocolate
80 g de azúcar glas

40 g de mantequilla
3 cucharadas de agua

PREVIAMENTE

Abrir los petisús por un solo lado con un cuchillo de sierra y rellenarlas de crema con una manga pastelera.

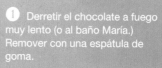

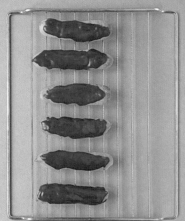

3 Dejar que se entibie un poco el glaseado. Si está demasiado caliente, tiende a gotear. Si está demasiado frío, no se extiende bien.

4 Sumergir los petisús en el glaseado. Retirar lo sobrante con el dedo y colocarlas boca arriba.

1 Batir la crema pastelera y rellenar una manga pastelera con una boquilla lisa de 8 mm.

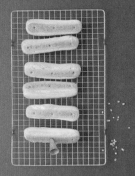

2 Agujerear el fondo con 3 agujeros con una boquilla rizada pequeña, con movimiento circular.

PETISÚS DE CARAMELO

6 PETISÚS ✳ **PREPARACIÓN:** 1 H 15 MIN ✳ **COCCIÓN:** 55 MINUTOS

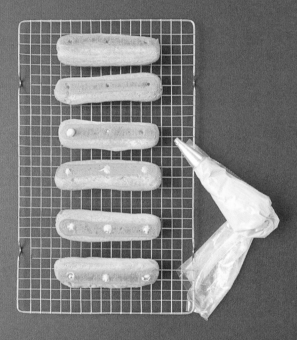

3 Rellenar los petisús, empezando por uno de los extremos. Cuando la crema empiece a salir por el agujero central, rellenar por el otro extremo. Raspar el petisú con una espátula para eliminar el exceso de crema y ponerlos al revés.

INGREDIENTES

6 petisús de 12 cm rellenos con una boquilla de 20 cm de diámetro (página 60)

CREMA PASTELERA DE CARAMELO

½ dosis de crema pastelera (página 11)
1 dosis de salsa de caramelo con mantequilla salada (página 17)

GLASEADO DE CARAMELO

90 g de azúcar + 30 ml de agua + 45 ml de nata líquida + 15 g de mantequilla con sal

PREVIAMENTE

Preparar un caramelo con mantequilla salada como se explica en la página 17, reservar a temperatura ambiente. Luego, sin esperar, preparar una crema pastelera como se explica en la página 11. Mezclar la crema pastelera caliente con el caramelo, poner un papel film pegado a la crema y dejar templar a temperatura ambiente antes de poner en la nevera.

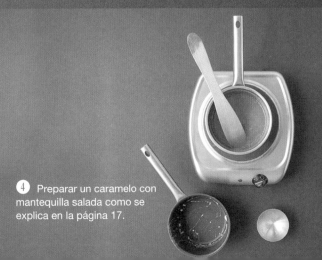

4 Preparar un caramelo con mantequilla salada como se explica en la página 17.

5 Disponer una cucharadita colmada de caramelo encima de un petisú. Extenderla con el dedo. Hacer lo mismo con todos los petisús. Reservar en la nevera y servirlos el mismo día.

SAINT-HONORÉ ROSA

4 PIEZAS ✳ **PREPARACIÓN**: 20 MIN ✳ **COCCIÓN**: 15 A 20 MIN

1 Formar 4 aros y 12 bocaditos sobre la bandeja de horno. Hornear 10-15 minutos a 220 °C y luego 5 con la puerta entreabierta. Sacar del horno.

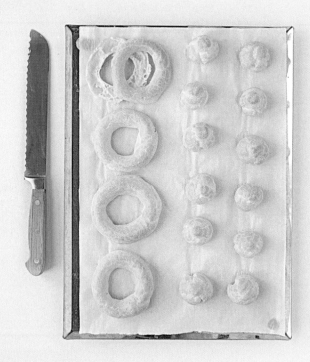

2 Tras 10 minutos partir los aros por la mitad horizontalmente con un cuchillo de sierra y perforar la base de los bocaditos con un cuchillo. Poner sobre una rejilla.

INGREDIENTES

300 g de masa bomba (p. 60)
350 g de crema pastelera (p. 11)
y ½ cucharadita de agua de rosas
225 ml de nata montada (p. 19)
y 2 gotas de colorante
alimentario rojo
100 g de glaseado natural (p. 22)
y 2 gotas de colorante
alimentario rojo

PREVIAMENTE

Forrar una bandeja de horno con papel vegetal. Precalentar el horno a 220 °C. Preparar la crema pastelera añadiendo el agua de rosas a la leche al iniciar la cocción.

3 Preparar el glaseado (p. 24) y añadir el colorante al final.

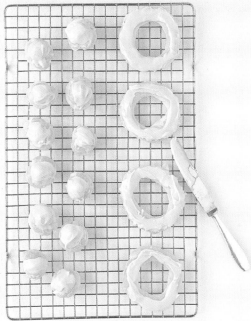

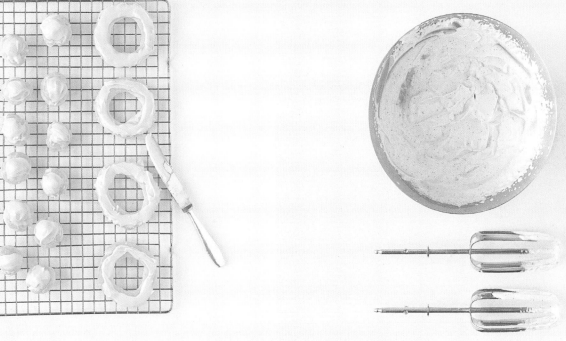

4 Con una manga, revestir con crema pastelera la base de cada aro y cubrir con la otra mitad; rellenar los bocaditos. Glasear todo con un cuchillo liso).

5 Preparar la nata montada (p. 19) añadiendo el colorante a la nata líquida al iniciar la preparación.

6 Colocar los aros en un plato. Rellenar el centro con la nata chantillí.

7 Poner 3 bocaditos sobre cada corona. Servir de inmediato (o guardar en la nevera 1 hora como máximo antes de servir).

PARA FACILITAR EL GLASEADO

Se puede licuar un poco añadiendo unas gotas de zumo de limón. Mojar la parte superior de cada aro y de cada bocadito en el glaseado semilíquido.

PARIS-BREST

8 PERSONAS ✳ **PREPARACIÓN**: 1 H 30 MIN ✳ **COCCIÓN**: 1 H 40 MIN

1 Poner las avellanas en una placa. Hornear 30 minutos hasta que estén casi negras. Dejar enfriar fuera de la placa.

2 Dibujar 2 círculos de 16 a 20 cm de diámetro separados por 3 cm sobre el papel de horno. Ponerlo encima de la placa.

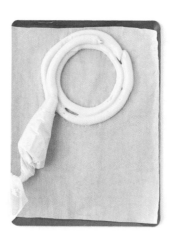

3 Formar un círculo de masa bomba alrededor del primer círculo, por el exterior. Formar un segundo círculo en el interior del primero, luego un último círculo, a caballo sobre los dos primeros.

4 Formar 1 única corona de masa sobre el círculo de abajo por encima de la línea dibujada. Batir un huevo y, con un pincel, dorar toda la superficie de la masa bomba, alisándola.

INGREDIENTES

2 veces la cantidad de masa bomba (página 60)
80 g de almendras fileteadas
Azúcar glas
1 huevo para dorar

CREMA MUSELINA DE AVELLANA

½ dosis de crema pastelera (página 11)
120 g de mantequilla reblandecida
60 g de avellanas enteras con piel

PREVIAMENTE

Calentar el horno a 160 °C Llenar una manga pastelera con una boquilla de 16 mm con masa bomba. Cortar un papel de horno del tamaño de la placa.

5 Cubrir el círculo grande con almendras, retirar el exceso. Hornear 45 minutos el pequeño y 1 h 10 min el grande.

6 Triturar las avellanas en un robot hasta obtener una pasta líquida.

7 Batir la crema pastelera fría hasta que adquiera una textura de mayonesa.

8 Batir la mantequilla hasta que tenga la misma textura de mayonesa que la crema pastelera.

9 Añadir la mantequilla a la crema pastelera y batir hasta obtener una crema ligera.

10 Verter la pasta de avellanas y mezclar lo justo para incorporarla. Reservar en la nevera.

11 Cortar el círculo grande ya frío por la mitad horizontalmente.

12 Batir la muselina 1 minuto. Llenar una manga pastelera con una boquilla rizada de 16 mm.

13 Poner un primer círculo de muselina en medio de la parte inferior. Colocar encima el círculo pequeño.

14 Cubrir esta corona pequeña con la crema, empezando por el exterior del pastel y terminando por el interior. Poner un último circulo de crema para pegar la parte de arriba del círculo grande.

15 Colocar la parte superior del círculo sobre el pastel, presionar ligeramente y espolvorear con azúcar glas. Dejar reposar en la nevera como mínimo ½ hora antes de servir.

MILHOJAS

4 PERSONAS ✳ **PREPARACIÓN**: 25 MIN ✳ **COCCIÓN**: 15 MIN

1 Incorporar la nata chantillí a la crema pastelera a cucharadas.

2 Cubrir con papel film y guardar en la nevera.

INGREDIENTES

350 g de crema pastelera (p. 11)
55 g de nata chantillí (p. 19)
450 g de masa de hojaldre (p. 8)
10 g de azúcar glas

PREVIAMENTE

Calentar el horno a 220 °C.
Cubrir una bandeja de horno
con papel vegetal.

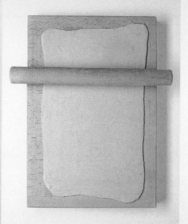

3 Aplanar la masa para formar
un rectángulo del tamaño de la
bandeja de horno y de 2-3 mm
de grosor.

4 Cortar la masa en
12 rectángulos con un cuchillo
muy afilado. Pincharlos con un
tenedor de dientes muy finos.

5 Colocar la mitad de los rectángulos sobre la bandeja (poner los demás en la nevera) y hornear 10 minutos (no deben coger demasiado color). Hornear los otros rectángulos.

6 Calentar el gratinador. Elegir 4 rectángulos, darles la vuelta (la cara que no se ha inflado, hacia arriba), espolvorear con el azúcar glas y caramelizarlos 1 minuto bajo el gratinador.

7 Extender una capa de crema pastelera sobre los demás rectángulos.

8 Juntarlos de dos en dos y poner los hojaldres caramelizados por encima.

9 Servir rápidamente para evitar que la crema pastelera humedezca el hojaldre.

OPCIONES DE PRESENTACIÓN
Se puede hacer un único pastel cuyos bordes se cortarán, para igualarlos, antes de trocearlo.

TARTA DE REYES

8 PERSONAS ✳ **PREPARACIÓN**: 30 MIN ✳ **COCCIÓN**: 35 MIN ✳ **REPOSO**: 30 MIN

INGREDIENTES

450 g de masa de hojaldre (p. 8)
1 huevo (para dorar la masa)

CREMA ALMENDRADA

300 g de crema de almendras (p. 13)
350 g de crema pastelera (p. 11)

PREVIAMENTE

Calentar el horno a 240 °C. Cubrir una
bandeja de horno con papel vegetal.

1 Batir la crema pastelera con
batidora eléctrica e incorporar
la de almendras a cucharadas.
Cubrir con papel film y guardar
en la nevera.

2 Sacar la masa de hojaldre
de la nevera. Extenderla en dos
grandes cuadrados de unos
25 cm de lado.

3 Recortar un disco de 24 cm de diámetro con cada cuadrado de
masa.

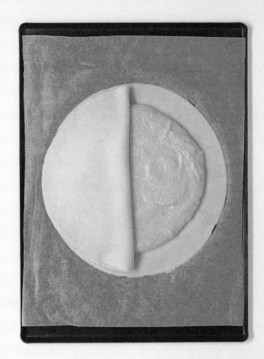

4 Colocar un disco sobre la placa. Embadurnar todo con huevo batido sobre una anchura de 1 cm.

5 Extender la mezcla de cremas sobre el primer disco partiendo del centro y deteniéndose a 3 cm del borde.

6 Cubrir con el segundo disco apretando a lo largo del borde para que se peguen los dos discos.

7 Con un pincel, pintar la parte superior con huevo batido. Con un cuchillo, dibujar unos arcos partiendo del centro.

8 Hacer unas muescas alrededor del borde. Pinchar la superficie haciendo pequeños agujeros y uno más grande en el centro para que salga el aire. Poner 30 minutos en la nevera.

9 Hornear a 240 °C. Cuando haya subido bien (al cabo de unos 15 minutos), bajar a 200 °C. La cocción dura 35 minutos en total. Servir tibio o a temperatura ambiente.

TRUCO

Para una versión más rápida, adornar el pastel unicamente con crema de almendras (600 g).

TARTA DE MASCARPONE

10 PERSONAS ✻ **PREPARACIÓN**: 20 MIN ✻ **COCCIÓN**: 1 H ✻ **REPOSO**: 12 H

1 Desmigar las galletas en el recipiente de un robot con una cuchilla.

2 Fundir la mantequilla en un cazo y retirar del fuego.

3 Mezclar el azúcar con las galletas trituradas.

4 Verter la mantequilla por encima. Mezclar con un tenedor.

FONDO DE TARTA
75 g de mantequilla
40 g de azúcar
125 g de galletas (tipo
galletas maría cuadradas)

RELLENO
390 g de queso para untar
(queso fresco tipo Philadelphia®)
220 g de azúcar
195 g de mascarpone
3 huevos
10 g de extracto de vainilla

PREVIAMENTE
Calentar el horno a 200 °C en modo convección (no con ventilador). Poner una rejilla en la parte inferior del horno y debajo otra rejilla, con un plato hondo encima.

5 Repartir esta «arena» en un molde desmontable de 20 cm de diámetro.

6 Apretar las migas y guardarlas en la nevera.

7 Poner el queso para untar y el azúcar en el recipiente de un robot con una cuchilla. Batir 1 minuto hasta que el queso esté bien blando.

8 Añadir el mascarpone y mezclar de nuevo de 10 a 20 segundos. Raspar los bordes del robot con una espátula de goma.

9 Añadir los huevos de uno en uno, esperar que el primero esté bien incorporado antes de añadir el siguiente. Raspar los bordes del robot y verter el extracto de vainilla. Mezclar unos segundos.

10 Verter la preparación en el molde.

11 Verter agua muy caliente en el plato puesto encima de la rejilla del horno y poner el molde sobre la rejilla de encima. Cocer 1 hora a 180 °C, hasta que el centro ya no esté líquido. Pasar la hoja de un cuchillo entre el pastel y el molde 5 minutos después de sacarlo del horno.

TIEMPO DE REPOSO
Sacar el cheesecake del horno y dejarlo templar encima de una rejilla. Una vez templado, tapar con papel film y dejar cuajar por lo menos 3 horas antes de degustarlo. Tendrá la consistencia ideal al cabo de 12 horas.

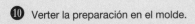

TARTA DE QUESO CLÁSICA

10 PERSONAS ✳ **PREPARACIÓN**: 20 MIN ✳ **COCCIÓN**: 1 H ✳ **REPOSO**: 12 H

1 Poner el queso para untar y el azúcar en el bol de un robot con una cuchilla. Batir 1 minuto hasta que el queso esté bien blando.

2 Añadir los huevos de uno en uno, esperando a que el primero se haya incorporado antes de añadir el segundo. Rebañar los bordes del recipiente.

INGREDIENTES

1 fondo de tarta de galletas (página 76)
900 g de queso para untar (queso fresco tipo Philadelphia®)
200 g de azúcar
4 huevos
1 cucharadita de vainilla líquida
1 cucharadita de zumo de limón
Ralladura de limón ecológico

CONSEJO

Utilizar un molde desmontable o un aro puesto sobre una placa, de 22 cm de diámetro.

PREVIAMENTE

Calentar el horno a 200°C en modo convección (no con ventilador).

3 Añadir el zumo de limón y la vainilla líquida. Mezclar.

4 Verter en el molde encima del fondo de galletas. Cocer 1 hora a 180°C, con un plato lleno de agua caliente en el horno.

6 Dejar reposar 12 horas en la nevera tapado con papel film antes de servirlo.

5 Pasar la hoja de un cuchillo entre el pastel y el molde 5 minutos después de sacarlo del horno y luego desmoldarlo. Esparcir la ralladura de limón.

1 Cascar los huevos separando las claras de las yemas.

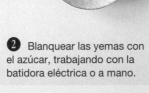

2 Blanquear las yemas con el azúcar, trabajando con la batidora eléctrica o a mano.

3 Añadir la ricotta en dos veces. Mezclar con el batidor de varillas. Incorporar la ralladura de limón y luego el aguardiente.

4 Batir las claras a punto de nieve firme con la sal.

FIADONE

8 PERSONAS ✳ **PREPARACIÓN**: 20 MIN ✳ **COCCIÓN**: 45 MIN ✳ **REPOSO**: 1 H

INGREDIENTES

500 g de queso fresco tipo ricotta (o requesón)
La ralladura de 1 limón ecológico
5 huevos
140 g de azúcar
Una pizca de sal
6 ml de aguardiente (1 cucharadita)
Aceite de oliva para el molde

PREVIAMENTE

Dejar escurrir la ricotta durante 1 hora. Untar con aceite de oliva un molde de tarta de 25 cm de diámetro. Rallar la piel de limón. Precalentar el horno a 180 °C.

5 Con una espátula de goma, incorporarlas a la mezcla de ricotta.

6 No hay que mezclar demasiado la masa con la espátula de goma.

7 Verter la masa en el molde y alisar la superficie con una espátula.

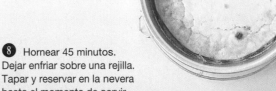

8 Hornear 45 minutos. Dejar enfriar sobre una rejilla. Tapar y reservar en la nevera hasta el momento de servir.

MONT-BLANC

10 PIEZAS ✳ **PREPARACIÓN**: 50 MIN ✳ **COCCIÓN**: 45 A 50 MIN

① Batir las claras de huevo añadiendo el azúcar cuando ya estén montadas pero todavía blandas. Batir unos minutos hasta que las claras queden muy firmes.

② Espolvorear el azúcar glas tamizado y con una espátula de goma incorporarlo con cuidado.

INGREDIENTES
½ dosis de nata chantillí (página 19)
Unas gotas de ron

MERENGUE FRANCÉS
2 claras de huevo
El mismo peso de azúcar
(unos 70 g)
El mismo peso de azúcar
glas (unos 70 g)

ESPAGUETIS DE CASTAÑAS
300 g de crema de castañas
a temperatura ambiente
100 g de mantequilla en pomada
1 cucharadita de ron

PREVIAMENTE
Calentar el horno a 110 °C.
Poner 10 moldes de cupcake
rígidos o pequeñas flaneras
sobre una placa de pastelería.

③ Con una manga pastelera, formar merengues llenando la mitad de los moldes de cupcake. Hornear de 45 a 50 minutos. Dejar enfriar sobre una rejilla.

④ Batir la mantequilla en pomada para airearla.

5 Incorporar la crema de castañas en varias veces.

6 Cuando la crema esté bien lisa, añadir el ron y batir un poco más.

7 Llenar una manga pastelera con la nata chantillí y poner una capa encima de cada merengue.

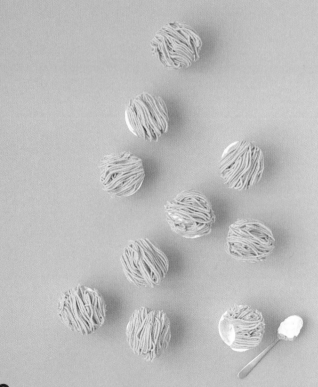

8 Llenar una manga pastelera con una boquilla rizada «espagueti» con la crema de castañas. Cubrir la nata chantillí con varias capas de filamentos de crema de castañas.

9 Servir de inmediato o guardar en la nevera.

TRUCO

Si el merengue ha subido mucho al cocerse y no queda sitio en el molde para poner la nata, se puede presionar ligeramente la parte de arriba del merengue. La superficie se romperá, pero no importa porque no se verá.

TIRAMISÚ

8 PERSONAS ✳ **PREPARACIÓN:** 25 MIN ✳ **REPOSO:** 6 H

INGREDIENTES

400 ml de café fuerte (preparado con
10 g de café liofilizado, por ejemplo)
5 huevos
60 g de azúcar
500 g de mascarpone
300 g de bizcochos de soletilla
(unos 35 bizcochos)
2 cucharadas de cacao

PREVIAMENTE

Verter el café caliente
en un recipiente.
Añadir 10 g de azúcar
(1 cucharada), mezclar y dejar
que se enfríe hasta que
quede tibio.

1 Separar las claras de las
yemas. Batir las yemas con el
resto del azúcar (50 g) hasta que
la mezcla se vuelva blanquecina.

2 Añadir el mascarpone y batir
con las varillas eléctricas para
obtener una mezcla esponjosa.

3 Montar las claras a punto de
nieve no muy consistente.

4 Con una espátula,
incorporarlas a la preparación
anterior en dos tandas.

5 Mojar los bizcochos de uno en uno en el café, muy brevemente
para que no se deshagan, y cubrir con ellos el fondo de un molde
cuadrado de buen tamaño.

6 Cubrir con una fina capa de crema. Alternar dos veces más una
capa de bizcochos y una de crema. Cubrir con papel film y poner en
la nevera durante 6 horas como mínimo.

7 En el momento de servir,
espolvorear el tiramisú con el
cacao, utilizando un pequeño
colador de malla.

TRONCO DE CAFÉ

10 PERSONAS ✳ **PREPARACIÓN**: 20 MIN ✳ **COCCIÓN**: 5 MIN ✳ **REPOSO**: 1 H

1 Disolver el azúcar en el agua a fuego medio y llevar a ebullición. Retirar del fuego. Dejar enfriar antes de añadir el extracto de café.

2 Con un pincel, untar el bizcocho con el almíbar de café. Extender tres cuartas partes de la crema de mantequilla.

INGREDIENTES
1 bizcocho genovesa ya cocido de unos 20 cm (página 84)
1 dosis de crema de mantequilla aromatizada con café (página 12)

ALMÍBAR DE CAFÉ
50 g de azúcar
70 ml de agua
1 g de extracto de café

3 Enrollar el bizcocho lo más apretado posible, empezando por uno de los lados cortos.

4 Cubrir el tronco con el resto de la crema, trabajando con la espátula. Dejar 1 hora en la nevera antes de servir.

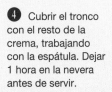

BRAZO DE GITANO

8 PERSONAS ✳ **PREPARACIÓN**: 40 MIN ✳ **COCCIÓN**: 10 MIN

❶ Preparar el bizcocho genovesa. Fundir la mantequilla y untar el papel de horno con una parte de la mantequilla fundida.

❷ Batir las yemas con 75 g de azúcar durante 5 minutos. Incorporar la harina con una espátula de goma pero no trabajar demasiado la mezcla.

INGREDIENTES

35 g de mantequilla
75 g de azúcar, más 1 cucharadita para las claras a punto de nieve
75 g de harina de repostería
3 claras de huevo
4 yemas de huevo

ALMÍBAR DE VAINILLA

50 g de azúcar
70 ml de agua
1 cucharadita de extracto de vainilla
250 g de mermelada de fresas

PREVIAMENTE

Calentar el horno a 240 °C. Cubrir con papel de horno una placa de pastelería de 40 x 30 cm.

❸ Montar las claras a punto de nieve añadiendo la cucharadita de azúcar a la mitad del proceso.

❹ Verter las claras a punto de nieve y la mantequilla fundida sobre las yemas. Mezclar delicadamente.

5 Verter la masa sobre la placa dejando que resbale por el recipiente. Repartirla sobre la placa con una espátula larga y plana.

6 Cocerla 7 minutos. Sacar el bizcocho genovesa del horno y darle la vuelta sobre una encimera untada con aceite. Despegar el papel, tapar con un paño y dejar enfriar.

7 Calentar el agua y el azúcar en un cazo. Disolver el azúcar con un batidor y llevar a ebullición. Retirar enseguida del fuego. Dejar enfriar y añadir la vainilla.

8 Con un pincel, mojar el bizcocho con el almíbar de vainilla. Extender la mermelada (guardar 2 cucharadas) y enrollar el bizcocho bien apretado.

9 Desleír la mermelada con 1 cucharada de agua. Con un pincel, extender la mermelada desleída por encima del brazo de gitano.

OPCIÓN

Preparar el bizcocho genovesa con antelación y enrollarlo en el papel de cocción al sacarlo del horno. Envolverlo con papel film.

CHARLOTA DE CHOCOLATE

6 A 8 PERSONAS ✳ **PREPARACIÓN**: 15 MIN ✳ **REPOSO**: 3 H

1 Untar con mantequilla el fondo de un molde de 15 cm. Poner en él un disco de papel vegetal untado con mantequilla.

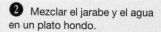

2 Mezclar el jarabe y el agua en un plato hondo.

25 bizcochos de soletilla
50 ml de agua
50 ml de sirope de azúcar de caña
600 g de mousse de chocolate (p. 34)

PREVIAMENTE
Preparar la mousse de chocolate y guardarla en la nevera.

3 Reservar 10 bizcochos para poner sobre la charlota. Mojar los demás brevemente en el agua azucarada.

④ Colocarlos contra la pared del molde, con la parte redondeada hacia fuera.

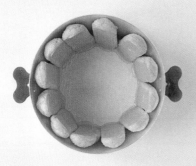

⑤ Cubrir así todo el perímetro del molde. Dejar el fondo vacío.

⑥ Verter la mousse de chocolate en el centro del molde.

⑦ Cubrir con los bizcochos reservados y mojados brevemente en el agua azucarada.

⑧ Poner sobre la charlota dos platos del tamaño del molde. Envolver con papel film y guardar 3 horas en la nevera.

⑨ Para desmoldar, quitar primero el papel film y los platos. Sumergir el fondo del molde en agua muy caliente, colocar un plato encima y volcar. Quitar con cuidado el papel vegetal. Servir de inmediato.

DEGUSTACIÓN
Servir la charlota de chocolate con una crema inglesa (p. 10).

PASTEL DE SEMILLAS DE AMAPOLA

12 PERSONAS ✳ **PREPARACIÓN**: 35 MINUTOS ✳ **COCCIÓN**: 35 MINUTOS

① Cubrir las pasas con el ron y dejar que se hinchen. Untar con mantequilla un molde cuadrado de 22 cm de lado, o rectangular.

② Estirar la masa en dos láminas del tamaño del molde.

③ Ajustar la medida de las láminas de masa y poner una en el fondo del molde.

④ Fundir la mantequilla en un cazo pequeño. Reservar.

INGREDIENTES

400 g de masa quebrada (página 9)
400 g de semillas de amapola
200 g de azúcar
50 g de mantequilla
50 g de miel
20 g de almendras molidas
1 sobre de azúcar vainillado

La ralladura de 1 limón
30 g de pasas
Ron
2 claras de huevo
1 huevo entero para dorar

PREVIAMENTE

Calentar el horno a 180 °C.

⑤ Triturar las semillas de amapola en un molinillo de café por tandas y ponerlas en un recipiente grande.

6 Añadir el azúcar y mezclar bien.

7 Añadir la mantequilla fundida, mezclar, luego incorporar la miel y mezclar de nuevo.

8 Incorporar las almendras molidas y el azúcar vainillado.

9 Por último añadir la ralladura de limón y las pasas escurridas.

10 Montar las 2 claras de huevo a punto de nieve.

11 Incorporarlas delicadamente a la preparación de semillas de amapola.

12 Verter este relleno en el molde, sobre el fondo de masa.

13 Tapar con la segunda lámina de masa. Dorar con el huevo batido.

14 Hornear 35 minutos. Cortar en cuadrados antes de servir.

PASTEL DE GALLETAS

6 A 8 PERSONAS ✳ **PREPARACIÓN**: 50 MIN ✳ **REPOSO**: 12 H

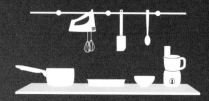

① Calentar el agua y verterla sobre el café soluble. Guardar en la nevera, el café debe estar a temperatura ambiente en el momento del montaje.

② Batir la mantequilla y el azúcar hasta que la mezcla esté lisa y aireada.

③ Separar las claras de las yemas y añadir una yema cada vez a la mezcla de mantequilla.

④ Añadir la vainilla líquida, la sal y mezclar.

⑤ Montar las claras a punto de nieve. Cuando estén montadas pero no firmes, añadir la cucharadita colmada de azúcar y batir hasta que estén firmes.

⑥ Añadir una cuarta parte de las claras a punto de nieve a la mezcla de mantequilla y mezclar hasta que estén completamente incorporadas.

⑦ Añadir el resto de las claras en 3 veces, mezclando delicadamente cada vez.

INGREDIENTES

1 caja de galletas maría cuadradas (48 galletas, 335 g)
120 g de mantequilla reblandecida
70 g de azúcar, más una cucharadita colmada
2 huevos
4 g de café soluble (2 cucharaditas colmadas), más unos 5 g para el montaje del pastel

200 ml de agua
1 cucharadita de vainilla líquida
Una pizca de sal

PREVIAMENTE

Preparar un molde rectangular grande, mucho más grande que el pastel. Esto facilitará el servicio de las raciones.

⑧ Mojar, de una en una, las galletas unos segundos en el café frío para que se impregnen pero sin que se empapen completamente. No hay que reblandecerlas demasiado, de lo contrario se romperán las galletas y el pastel será demasiado blando.

⑨ Disponer las galletas con café de manera que queden dos filas de 4 galletas cada una, las dos hileras pegadas una con la otra, y centradas en medio del molde.

⑩ Espolvorear un poco de café soluble por encima de esta primera capa de galletas. Con la punta de los dedos, salpicar un poco de café líquido sobre las galletas y luego extender 3 cucharadas colmadas de crema de mantequilla.

⑪ Colocar de nuevo otra capa de galletas mojadas, café soluble, café líquido y crema de mantequilla hasta obtener 6 capas de galletas.

⑫ Al poner la sexta capa de galletas mojadas, dejarlas así, sin café soluble ni crema. Cubrir el molde con papel film y poner en la nevera como mínimo 12 horas.

⑬ Cortar el pastel en 8 partes iguales y servir.

VACHERIN

6 PERSONAS ✳ **PREPARACIÓN**: 55 MIN ✳ **COCCIÓN**: 1 H 30 MIN ✳ **REPOSO**: 2 H

❶ Batir las claras de huevo. Cuando todavía estén blandas, añadir el azúcar. Batir hasta que estén bien firmes. Espolvorear el azúcar glas tamizado e incorporarlo con una espátula de goma.

❷ Con una manga pastelera, repartir el merengue en espiral. Hacer también unas tiras de merengue. Cocer 1 hora y 30 minutos en el horno a 90 °C.

INGREDIENTES

½ litro de helado de vainilla
½ **litro de helado de fresa**
250 g de compota de frutos del bosque (p. 21) para acompañar
Unos frutos frescos para decorar

MERENGUE FRANCÉS

3 claras de huevo
El mismo peso de azúcar (100 g)
El mismo peso de azúcar glas (100 g)
225 ml de nata montada (p. 19)

NATA CHANTILLÍ

250 ml de nata líquida fría con 30% de MG
25 g de azúcar glas
1 vaina de vainilla

PREVIAMENTE

Dibujar 2 círculos de 12 cm de diámetro en un papel de horno.

❸ Sacar los helados de 10 a 20 minutos antes de acabar la cocción de los merengues. Ponerlos en dos recipientes y ablandarlos con una cuchara.

❹ Cubrir con papel film un cazo dejando que el film sobresalga por los bordes. Cuando el merengue esté frío, poner un disco en el fondo del cazo.

5 Añadir el helado llenando casi completamente el cazo. Tapar con el otro disco de merengue. Dejar cuajar en el congelador 2 horas.

6 Una hora antes de servirlo, cortar las tiras de merengue en bastoncitos de la altura del pastel. Preparar la nata chantillí (página 19).

7 Sacar el cazo del congelador y estirar del papel film para desmoldar el vacherin. Ponerlo sobre un plato sin el film. Cubrir los lados con una capa espesa de nata y alisarlos.

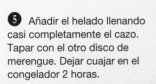

8 Adornar el perímetro del vacherin con los bastoncitos de merengue. Poner de nuevo en el congelador entre 15 y 30 minutos para que se peguen los bastoncitos de merengue a la nata.

9 Guardar el resto de la nata en la nevera. En el momento de servir, cubrir el vacherin con una capa gruesa de nata. Con una manga pastelera y la nata restante, hacer pequeños adornos de nata por encima y repartir los frutos rojos frescos. Servir con la compota de frutos rojos.

SELVA NEGRA

6 PERSONAS ✳ **PREPARACIÓN**: 45 MIN ✳ **COCCIÓN**: 20 MIN

1 Verter la masa del bizcocho genovesa en el molde y cocer 20 minutos.

2 Escurrir las cerezas y reservar el sirope.

3 Llevar a ebullición 100 ml de sirope.

4 Poner 50 g de chocolate en trozos en un recipiente. Verter el sirope encima. Esperar 1 minuto y batir para alisarlo. Dejar templar.

5 Batir la nata bien fría hasta que aumente de volumen y esté esponjosa.

6 Añadir el azúcar vainillado y ½ cucharadita de ron. Batir una vez y guardar en la nevera.

BIZCOCHO GENOVESA
1 dosis de bizcocho (página 84), hecho con 25 g de mantequilla, 55 g de azúcar más 1 cucharadita, 40 g de harina, 15 g de cacao, 2 claras de huevo, 3 yemas de huevo
Mantequilla para el molde

RELLENO
1 bote de cerezas deshuesadas netas escurridas (unos 300 g)
100 g de chocolate (50 g para el almibar y 50 g para las virutas)

250 ml de crème fraîche o nata espesa bien fría
1 sobre de azúcar vainillado
Ron (opcional)

PREVIAMENTE
Calentar el horno a 180 °C.
Untar con mantequilla un molde de tarta de 18 cm de diámetro.

7 Cortar el pastel por la mitad horizontalmente.

8 Con un pincel, empapar el bizcocho con el sirope templado.

9 Disponer el máximo de cerezas posible en una sola capa, sobre la parte inferior del bizcocho.

10 Cubrir con dos terceras partes de la nata chantillí.

11 Poner el segundo disco de bizcocho y cubrir con el resto de la nata chantillí. Poner en la nevera hasta que se vaya a degustar.

12 Decorar con virutas de chocolate realizadas con un pelador de verduras.

13 Servir de inmediato.

VARIANTE

Si se prefiere una nata chantillí clásica, sin el sabor amargo que le proporciona la crème fraîche espesa, utilizar nata líquida.

TARTA ÓPERA CASERA

8 PERSONAS ✳ **PREPARACIÓN**: 50 MIN ✳ **COCCIÓN**: 5 MIN ✳ **REPOSO**: 20 MIN

1 Calentar el agua y verterla encima del café soluble. Dejar templar.

2 Batir enérgicamente mantequilla, nata líquida, sal y aromatizante. Bajar la velocidad.

3 Incorporar el azúcar, aumentar la velocidad y batir 5 minutos hasta que la mezcla esté ligera y bastante flexible.

4 Disponer los bizcochos de manera que cubran el fondo del marco.

200 g de bizcochos de soletilla
(16 a 20 bizcochos)

CREMA DE MANTEQUILLA CON CAFÉ

80 g de mantequilla reblandecida
65 g de azúcar glas
3 cucharadas de nata líquida
Una pizca de sal
1 cucharadita de aromatizante de café (6 g)

GLASEADO DE CAFÉ

150 ml de agua
3 g de café soluble (2 cucharaditas)

GANACHE DE CHOCOLATE

75 g de chocolate negro
75 g de nata líquida
20 g de mantequilla reblandecida

PREVIAMENTE

Poner un marco cuadrado de acero inoxidable de 16 cm de lado sobre una fuente.

5 Con un pincel, embeber generosamente los bizcochos con el café; al final del montaje no tiene que quedar nada de café.

6 Cubrir con la crema de café y alisar con la ayuda de una espátula.

7 Disponer otra capa de bizcochos sobre la crema y embeberlos como antes.

8 Picar el chocolate en trocitos. Ponerlos en un recipiente.

9 Hervir la nata.

10 Verterla sobre el chocolate y esperar unos momentos. Mezclar bien con una espátula e incorporar la mantequilla en trocitos.

11 Verter la ganache sobre los bizcochos con café, alisar y poner en la nevera para que la ganache se solidifique (unos 20 minutos bastan).

12 Cuando la ganache se haya endurecido, pasar la hoja de un cuchillo entre el marco y el pastel. Levantar el marco para retirarlo y pulir los 4 lados del pastel cortando 2 o 3 mm de pastel de cada lado para obtener unos bordes bien regulares.

13 Cortar porciones mojando la hoja de un cuchillo en agua caliente y secándola entre cada corte.

5

pastelitos y galletas

MERENGUE

ESPONJOSOS

GALLETAS

MACARONS DE VAINILLA

30 MACARONS ✳ **PREPARACIÓN**: 1 H 20 ✳ **COCCIÓN**: 20 MIN ✳ **REPOSO**: 48 H

1 Tamizar al azúcar glas y las almendras molidas. Pesar y compensar el peso perdido con almendras molidas si fuera necesario.

2 Mezclar estos dos ingredientes con la vainilla y 55 g de claras de huevo.

3 Verter el agua en un cazo y añadir el azúcar.

4 Cuando el azúcar esté bien mojado, poner a fuego fuerte, introducir un termómetro con sonda.

5 Batir las claras clarificadas con suavidad. Cuando el almíbar llegue a los 110 °C, batir a máxima velocidad hasta que estén espumosas pero no firmes.

6 A los 115 °C, retirar del fuego y esperar a que el almíbar deje de burbujear. Verterlo sobre las claras sin dejar de batir, hasta que el recipiente esté templado.

7 Incorporar una cuarta parte de merengue a la mezcla de polvo y luego incorporar el resto.

8 Comprobar: Dejar caer un poco de la mezcla con la espátula de goma. Si no se incorpora en unos segundos, mezclar un poco más.

MACARONS

150 g de almendras molidas
150 g de azúcar glas
(máximo 3 % de fécula)
55 g de claras de huevo
(2 claras), más
55 g de claras de huevo (2 claras)
clarificadas (separadas de las yemas)
y a temperatura ambiente 2 h antes
¼ de cucharadita de vainilla en polvo
150 g de azúcar
37 ml de agua

GANACHE DE VAINILLA

200 ml de nata líquida entera
(50 ml + 150 ml muy fría)
100 g de chocolate blanco

6 g de miel de acacia
Una buena pizca de vainilla en polvo
3 cucharaditas de vainilla líquida
Polvo brillante para decorar

PREVIAMENTE

Calentar el horno a 160 °C en modo «ventilador», poniendo dos rejillas separadas por 15 cm. Preparar dos placas forradas con papel de horno.

9 Llenar una manga pastelera con una boquilla lisa de 8 mm con la masa y formar, al tresbolillo, macarons de 3 cm de diámetro (se extenderán ligeramente).

10 Cocer 12 minutos a 150 °C abriendo el horno a media cocción, y luego un poco antes de acabarla. Poner el papel de cocción en la encimera, dejar templar y luego despegar los macarons.

11 Fundir el chocolate blanco al baño María. Retirar del fuego.

12 Templar 50 ml de nata con la miel, añadir las vainillas.

13 Verter en 3 veces sobre el chocolate fundido mezclando con una espátula de goma.

14 Añadir el resto de la nata fría, mezclar.

15 Enfriar completamente en la nevera o en el congelador.

16 Montar la ganache con la batidora eléctrica como para hacer una nata chantillí.

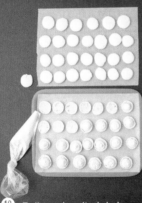

17 Llenar una manga pastelera con una boquilla de 8 mm de diámetro.

18 Rellenar la mitad de los macarons con la ganache sin llegar a los bordes.

19 Cubrir con la otra mitad de los macarons presionando ligeramente.

20 Con un pincel fino, decorar aplicando un poco de polvo brillante sobre la superficie de los macarons. Lo ideal es reservarlos en la nevera 48 h antes de degustarlos, para dar tiempo a que la ganache se ablande y dé sabor al interior de los macarons.

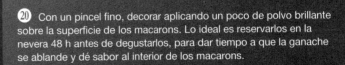

MACARONS DE CHOCOLATE

10 MACARONS ✳ **PREPARACIÓN:** 35 MIN ✳ **COCCIÓN:** 11 MIN ✳ **REPOSO:** 20 MIN

① Triturar la almendra molida, el azúcar glas y el cacao. Para evitar que la mezcla se apelmace, parar el robot a menudo y remover con una espátula.

② Tamizar el polvo obtenido con un colador de malla fina.

INGREDIENTES
100 g de ganache de chocolate (página 15)

MACARONS
45 g de almendras molidas
80 g de azúcar glas
10 g de cacao
1 clara de huevo
10 g de azúcar
2 gotas de colorante rojo

PREVIAMENTE
Prepara una placa de pastelería cubierta con papel de horno.

OBSERVACIÓN
Los macarons que llevan el azúcar cocido (páginas 100, 105) son lisos, brillantes y casi nunca se resquebrajan. Mientras que los que son con azúcar crudo (páginas 102 y 104) son más fáciles de realizar pero el resultado es mucho más aleatorio.

③ Montar la clara a punto de nieve. Cuando empiece a endurecerse, verter el azúcar y seguir hasta que esté a punto de nieve firme.

④ Añadir el colorante gota a gota y mezclar delicadamente con una espátula de goma para obtener un color uniforme.

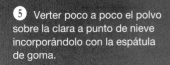

5 Verter poco a poco el polvo sobre la clara a punto de nieve incorporándolo con la espátula de goma.

6 Trabajar delicadamente. Hay que obtener una mezcla homogénea.

7 Llenar una manga pastelera con una boquilla lisa de 8 mm y formar macarons de 3 cm de diámetro bien separados en la placa. Golpear la placa sobre la encimera. Precalentar el horno a 160 °C, en modo «ventilador».

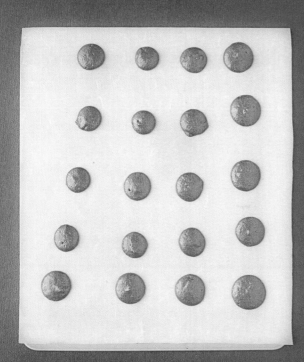

8 Dejar que se forme una corteza en el lugar más caliente de la cocina, desde unos 20 minutos hasta varias horas si el sitio es húmedo. Presionar ligeramente el macaron para comprobar que no se pega. Hornear y cocer 11 minutos los macarons pequeños y 15 minutos si son medianos.

9 Dar la vuelta a la mitad de los macarons. Depositar una nuez de ganache. Cerrarlos poniendo la otra mitad encima y presionar para que la ganache se extienda hasta el borde del macaron.

MACARONS DE FRESA

10 MACARONS ✳ **PREPARACIÓN:** 30 MIN ✳ **COCCIÓN:** 11 MIN ✳ **REPOSO:** 48 H

1 Llenar una manga con boquilla de 8 mm y formar macarons de 3 cm, espaciándolos. Dejar que formen corteza 20 minutos en un lugar caliente.

2 Hornear 11 minutos. Poner el papel de cocción en la encimera para detener la cocción de los macarons.

100 g de mermelada de fresas

MACARONS

1 dosis de masa de macarons de chocolate, sin el cacao (página 102).

PREVIAMENTE

Calentar el horno a 160 °C, en modo «ventilador».

LA CORTEZA

Dejar de 20 minutos a varias horas para que formen una corteza, dependiendo de la humedad del ambiente.

4 Reservar en la nevera 48 horas.

3 Dar la vuelta a la mitad de los macarons. Poner un poco de mermelada. Cerrarlos poniendo el resto de los macarons encima y presionar para que la mermelada se extienda hasta el borde.

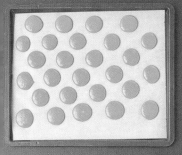

MACARONS DE CARAMELO

30 MACARONS ✱ **PREPARACIÓN**: 1 H 30 ✱ **COCCIÓN**: 20 MIN ✱ **REPOSO**: 48 H

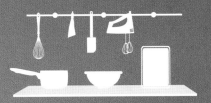

① Llenar una manga pastelera con una boquilla de 8 mm y formar macarons de 3 cm bien separados en la placa. Cocer 12 minutos. Al sacarlos del horno, poner el papel de cocción en la encimera y dejar templar. Despegar los macarons.

② Fundir el chocolate con leche al baño María.

③ Templar 25 ml de nata con la miel.

④ Verter en 3 veces encima del chocolate fundido mezclando con una espátula de goma.

MACARONS

1 dosis de masa de macarons de vainilla (página 100)
Colorante marrón en polvo

GANACHE DE CARAMELO MONTADA

1 dosis de salsa de caramelo con mantequilla salada hecha con 90 g de azúcar, 50 g de nata y 15 g de mantequilla con sal (página 17)
50 g de chocolate con leche

100 ml de nata líquida
(25 ml + 75 ml muy fría)
3 g de miel de acacia

PREVIAMENTE

Añadir el colorante marrón a la mezcla de almendras molidas y azúcar glas (el color debe quedar bastante intenso porque se aclarará al añadir el merengue). Preparar dos placas de pastelería con papel de horno encima. Precalentar el horno a 150 °C.

⑤ Incorporar el caramelo.

⑥ Añadir 75 ml de nata fría, mezclar y dejar enfriar completamente en el congelador.

⑦ Montar la ganache con la batidora eléctrica como para hacer una nata chantillí. Llenar una manga pastelera y rellenar la mitad de los macarons con la ganache sin llegar a los bordes. Cubrir con la otra mitad de los macarons apoyando ligeramente. Reservar en la nevera 48 horas.

PASTELITOS Y GALLETAS · 105

MERENGUE FRANCÉS

PARA 250 G ✳ **PREPARACIÓN**: 10 MIN ✳ **COCCIÓN**: 1 H 30 A 2 H

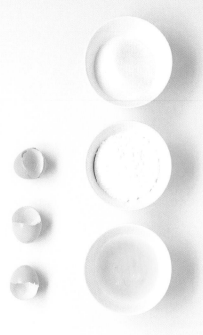

1 Batir las claras de huevo a punto de nieve. Añadir el azúcar cuando estén montadas pero todavía blandas.

2 Batir hasta que las claras estén bien firmes y luego incorporar el azúcar glas tamizado con una espátula de goma.

INGREDIENTES

3 claras de huevo
El mismo peso de azúcar (unos 100 g)
El mismo peso de azúcar glas (unos 100 g)

PREVIAMENTE

Calentar el horno a 90 °C.
Cubrir una placa de pastelería con un papel de horno.

3 Con una cuchara sopera, formar merengues sobre la placa. Hornear de 1 hora 30 a 2 horas según su grosor.

4 Tras la cocción, dejar enfriar dentro del horno apagado, con la puerta entreabierta. Así se separarán fácilmente de la placa.

PAVLOVA

8 PERSONAS ✱ **PREPARACIÓN**: 25 MIN ✱ **COCCIÓN**: 50 MIN

1 Montar las claras de huevo a punto de nieve, luego verter el azúcar en forma de lluvia. Batir hasta que estén lisas y brillantes.

2 Añadir la maicena y batir una vez más.

3 Dividir este merengue en dos partes de 200 g y añadir un colorante elegido en cada mitad.

4 Extender en 2 discos de 20 cm de diámetro. Cocer de 50 minutos a 1 hora, apagar el horno y dejar secar los merengues con la puerta entreabierta.

INGREDIENTES

1 dosis de nata chantillí (página 19)
125 g de frambuesas
125 g de grosellas

MERENGUE

5 claras de huevo
280 g de azúcar
15 g de maicena
Colorante azul y rojo

PREVIAMENTE

Reservar la nata chantillí en la nevera. Precalentar el horno a 120 °C y preparar dos placas de pastelería forradas con papel de horno.

5 Cuando los merengues estén a temperatura ambiente, batir de nuevo la nata chantillí para darle firmeza. Poner la mitad de la nata encima de uno de los dos merengues.

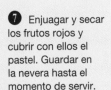

6 Tapar con el otro merengue y poner encima el resto de la nata chantillí.

7 Enjuagar y secar los frutos rojos y cubrir con ellos el pastel. Guardar en la nevera hasta el momento de servir.

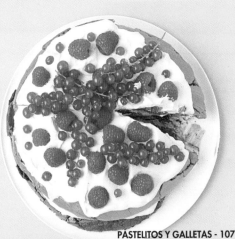

MINI MERENGUES DE COLORES

20-25. MINI MERENGUES ✳ **PREPARACIÓN**: 30 MIN ✳ **COCCIÓN**: 45 A 50 MIN

1 Retorcer una manga pastelera, sin boquilla y sin cortar la punta, sobre sí misma, dejando 2 cm sin girar. Ponerla en un recipiente para que se mantenga de pie.

2 Mojar un pincel limpio en uno de los colorantes alimentarios.

3 Dibujar una línea de colorante en el interior de la manga de arriba abajo. Hacer 5 trazos separados regularmente alrededor de toda la manga.

4 Desenroscar la manga y llenarla con un tercio del merengue. Sacudir un poco para que caiga bien hasta el fondo de la manga.

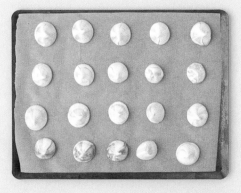

INGREDIENTES

¾ de dosis de merengue francés (página 106)
3 tonos de colorante alimentario líquido

PREVIAMENTE

Calentar el horno a 110 °C con dos rejillas dentro, una en la mitad superior del horno y la otra en la mitad inferior. Preparar dos placas de pastelería cubiertas con papel de horno. Preparar un merengue francés como se explica en la página 106.

6 Hornear de 45 a 50 minutos. Dejar enfriar en el horno apagado y la puerta entreabierta atrancada con una cuchara.

5 Cortar unos centímetros el extremo de la manga pastelera, ponerla bien perpendicular a la placa y formar 10 merengues presionando la manga. Repetir la misma operación con otro colorante y otro tercio del merengue. Terminar con el último colorante y el resto del merengue.

1 En el centro de un plato, poner un cuenco al revés. Disponer los merengues alrededor pegándolos entre sí con un poco de nata chantillí.

2 Retirar el cuenco.

TORRE DE MERENGUES

1 TORRE ✳ **PREPARACIÓN**: 40 MIN ✳ **COCCIÓN**: 45 A 50 MIN

3 Llenar el centro del círculo con merengues pegados de la misma forma.

4 Superponer otros merengues, acercándolos cada vez un poco más al centro.

INGREDIENTES
20-25 pequeños merengues de colores (página 108)
1/5 parte de nata chantillí (página 19), coloreada y aromatizada al gusto (agua de rosas, agua de azahar, etc.)

Decoración al gusto (gominolas, nubes, azúcar de colores, perlitas de azúcar, etc.)

5 Terminar con un último merengue, arriba del todo de la torre.

6 Llenar los espacios vacíos con nata chantillí, con una manga pastelera. Decorar al gusto.

MAGDALENAS

18 MADALENAS ✳ **PREPARACIÓN**: 20 MIN ✳ **COCCIÓN**: 10 MIN ✳ **REPOSO**: 2 H

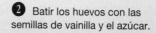 Derretir la mantequilla y mantenerla a fuego suave.

INGREDIENTES

75 g de mantequilla
2 huevos enteros, más 1 yema
70 g de azúcar
½ vaina de vainilla
60 g de harina
2 g de levadura
2 g de sal

PREVIAMENTE

Batir los huevos enteros y la yema en un recipiente.

❷ Batir los huevos con las semillas de vainilla y el azúcar.

❸ Mezclar la harina con la sal y la levadura.

4 Espolvorearla encima de los huevos batidos y mezclar con una espátula de goma para obtener una masa homogénea.

5 Verter la mantequilla caliente en forma de hilo, mezclando con la espátula de goma.

6 Tapar con papel film y reservar como mínimo 2 horas en la nevera, y como máximo 12 horas.

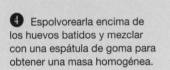

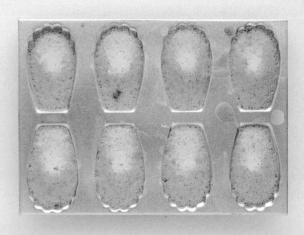

7 Precalentar el horno a 210 °C. Untar bien con mantequilla los moldes de magdalena, enharinarlos y sacudirlos para retirar el exceso. Colocarlos sobre una placa de pastelería. Verter la masa con una cuchara en los huecos llenándolos casi hasta los bordes.

8 Hornear unos 10 minutos. Al cabo de 2 o 3 minutos, el perímetro de las magdalenas tiene que estar un poco hinchado. Bajar la temperatura del horno a 170 °C y seguir la cocción hasta que estén doradas, aproximadamente 8 minutos más.

MUFFINS CON ARÁNDANOS

6 PIEZAS ✳ **PREPARACIÓN:** 15 MIN ✳ **COCCIÓN:** 25 MIN

1 Mezclar el huevo con el azúcar. Cuando la textura sea cremosa, añadir la mantequilla batiendo, y luego la crème fraîche en dos tandas.

2 Mezclar la harina, la sal y la levadura en un recipiente. Añadir los arándanos y mezclar. Hacer un hoyo en el centro, verter los ingredientes líquidos y mezclar rápidamente sin trabajar mucho la masa.

INGREDIENTES

30 g de mantequilla
1 huevo
80 g de azúcar
150 g de crème fraîche
120 g de harina de fuerza
2 g de sal
6 g de levadura
70 g de arándanos congelados

PREVIAMENTE

Calentar el horno a 180 °C. Untar con mantequilla 6 moldes para muffins. Derretir la mantequilla.

4 Sacar del horno, pasar la hoja de un cuchillo entre los muffins y los moldes. Dejar enfriar 10 minutos antes de desmoldar sobre una rejilla.

TRUCO

No llenar los bordes hasta arriba para que la masa se infle y forme una bonita cúpula.

3 Llenar los moldes hasta dos tercios de su capacidad (trabajar deprisa para que los arándanos no se descongelen), darles unos golpecitos sobre la superficie de trabajo y hornear durante 25 minutos (15 minutos si los muffins son pequeños).

1 Aplastar los plátanos con un tenedor.

2 Mezclar los ingredientes secos.

3 Batir el huevo y el azúcar para que la mezclase espese.

4 Añadir la mantequilla fundida, los plátanos y la leche. Batir.

MUFFINS DE PLÁTANO

10 MUFFINS ✳ **PREPARACIÓN:** 15 MIN ✳ **COCCIÓN:** 20 MIN

5 Verter esta mezcla sobre los ingredientes secos y batir hasta que se integre bien la harina y no se pueda ver.

6 Llenar los moldes de muffin de silicona con un dosificador de helados o una cuchara sopera.

7 Hornear de 18 a 20 minutos, hasta que la parte superior de los muffins esté bien dorada. Desmoldarlos en una rejilla.

INGREDIENTES

135 g de harina
155 g de azúcar
2 plátanos
40 g de mantequilla
1 huevo
30 ml de leche
2 g de bicarbonato

2 g de levadura
2 g de canela
Una pizca de sal

PREVIAMENTE

Calentar el horno a 220 °C.
Derretir la mantequilla.

CUPCAKES DE CHOCOLATE

12 CUPCAKES ✻ **PREPARACIÓN**: 30 MIN ✻ **COCCIÓN**: 20 MIN

① Picar el chocolate.

② Derretir la mantequilla cortada en dados y el chocolate a fuego suave.

③ Cuando ambos estén derretidos, retirar del fuego y mezclar con el batidor para alisar la mezcla. Dejar templar.

④ Mezclar la harina, el bicarbonato y la levadura.

⑤ Mezclar los huevos, añadir el azúcar, la vainilla y la sal. Batir bien.

⑥ Verter la mezcla de chocolate templada sobre los huevos y batir.

CUPCAKES

115 g de mantequilla
55 g de chocolate
40 g de cacao amargo en polvo
105 g de harina
½ cucharadita de
bicarbonato sódico (2 g)
¾ de cucharadita de levadura (2,5 g)
2 huevos
150 g de azúcar
1 cucharadita de vainilla líquida
115 g de crème fraîche espesa
½ cucharadita de sal (3 g)

GLASEADO

230 g de mantequilla reblandecida
240 g de crema de cacahuetes
150 g de azúcar glas
Una buena pizca de sal
1 cucharadita de vainilla líquida
2 cucharadas de nata líquida

PREVIAMENTE

Calentar el horno a 180 °C con
una rejilla en medio. Poner
12 cápsulas de papel dentro
de moldes de muffins.

⑦ Añadir la crème fraîche y mezclar.

⑧ Verter la harina y mezclar de nuevo hasta que la masa esté homogénea y espesa.

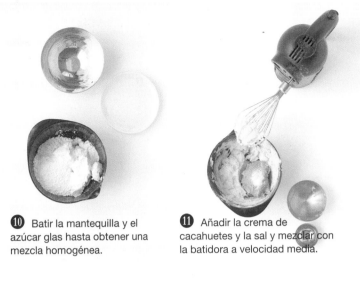

10 Batir la mantequilla y el azúcar glas hasta obtener una mezcla homogénea.

11 Añadir la crema de cacahuetes y la sal y mezclar con la batidora a velocidad media.

9 Con un dosificador de helados o una cuchara sopera, llenar dos terceras partes de los moldes de muffins. Cocer unos 15 minutos hasta que al clavar un palillo salga seco. En cuanto se puedan manipular, desmoldar y dejar enfriar sobre una rejilla. Esperar por lo menos 30 minutos antes de poner el glaseado.

12 Añadir la vainilla y la nata líquida y batir hasta que la preparación esté homogénea.

14 Llenar una manga pastelera con una boquilla rizada acanalada, de 16 mm y 5 dientes, y glasear los cupcakes.

VARIANTE

Se puede hacer un glaseado menos voluminoso pero más ligero dividiendo las cantidades por la mitad.

13 Aumentar la velocidad de la batidora y batir de 4 a 6 minutos hasta que la mezcla se airee.

CUPCAKES BLACK & WHITE

12 CUPCAKES ✳ **PREPARACIÓN**: 45 MIN ✳ **COCCIÓN**: 20 MIN ✳ **REPOSO**: 10 MIN

CUPCAKES

215 g de harina
200 g de azúcar
6 g de levadura
3 g de sal
115 g de mantequilla reblandecida
120 g de crème fraîche espesa
1 huevo a temperatura ambiente
1 yema de huevo a
temperatura ambiente
12 g de vainilla líquida
180 g de crema de
chocolate para untar

GLASEADO DE VAINILLA

170 g de mantequilla reblandecida
150 g de azúcar glas
2 cucharadas de nata líquida
2 cucharaditas de vainilla líquida
Una pizca de sal

GLASEADO DE CHOCOLATE

150 g de chocolate
1 cucharada de aceite neutro

PREVIAMENTE

Colocar una rejilla en medio del horno y precalentarlo a 180 °C. Poner 12 cápsulas de papel dentro de moldes de muffins.

1 Mezclar la harina, el azúcar, la levadura y la sal en el bol de un robot con una cuchilla.

3 Poner las cápsulas de papel en 12 moldes de muffin.

5 Desmoldar los cupcakes y dejar enfriar sobre una rejilla. Con un cuchillo pequeño de puntilla, practicar un pequeño pozo en el centro de los cupcakes.

2 Añadir la mantequilla, la crème fraîche, el huevo, la yema de huevo y la vainilla. Triturar hasta que la masa esté homogénea.

4 Con un dosificador de helados o una cuchara, llenar dos terceras partes de los moldes. Hornear 20 minutos.

6 Llenar las cavidades con una cucharadita colmada de crema de chocolate para untar, de manera que la crema llegue hasta arriba del cupcake.

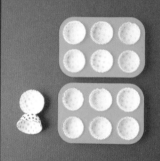

7 Poner la mantequilla en un recipiente estrecho, con la nata líquida, la vainilla y la sal. Batir a velocidad máxima.

8 Bajar la velocidad y verter el azúcar glas, sin dejar de batir, hasta que la mezcla esté homogénea. Luego batir a velocidad máxima de 4 a 5 minutos.

9 Poner el glaseado en una manga pastelera con una boquilla rizada de 16 mm y glasear los cupcakes, por lo menos 45 minutos después de sacarlos del horno. Ponerlos en el congelador durante unos quince minutos hasta que estén bien fríos.

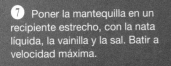

10 Derretir el chocolate con el aceite al baño María a fuego suave.

11 Inclinar el cazo. Sumergir el glaseado de vainilla dentro del chocolate, levantar el cupcake y dejar que se escurra el exceso de chocolate.

12 Poner el cupcake en la encimera o en un plato y esperar un poco que el chocolate se endurezca. Servir o conservar en la nevera.

CUPCAKES ROSA

12 CUPCAKES ✳ **PREPARACIÓN**: 20 MIN ✳ **COCCIÓN**: 20 MIN

1 Batir la mantequilla y el azúcar hasta que la mezcla esté ligera y aireada (unos 2 minutos).

2 Añadir el queso cremoso en 8 veces, batiendo bien cada vez. Añadir la vainilla y el colorante. Batir de nuevo.

3 Llenar una manga pastelera con una boquilla rizada de 16 mm con el glaseado y decorar los cupcakes.

4 Dividir el fondant en dos partes. Poner un poco de colorante en medio de uno de los trozos y amasar la pasta hasta obtener un color homogéneo.

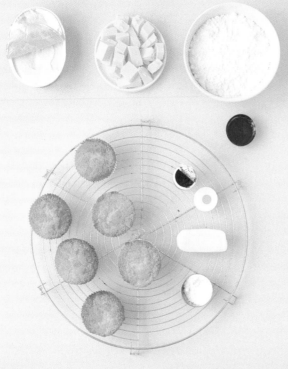

INGREDIENTES

12 cupcakes (página 116)
120 g de mantequilla reblandecida
230 g de azúcar glas
230 g de queso cremoso (queso fresco tipo Philadelphia®) sacado de la nevera 30 minutos antes
2 cucharaditas de vainilla líquida
Colorante rojo o rosa

DECORACIÓN EN FONDANT

100 g de fondant blanco
(pasta de azúcar)
Colorante rojo o rosa líquido o en gel
Azúcar glas

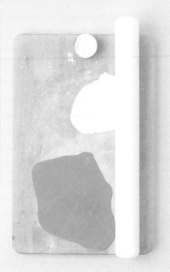

7 Disponer las flores sobre el glaseado de los cupcakes. Hay que consumirlos rápidamente ya que el fondant se seca.

5 Estirar los 2 trozos de fondant bien finos en la encimera con un rodillo, ambos espolvoreados con azúcar glas.

6 Con la ayuda de cortapastas con pulsador, cortar formas de flor en los dos colores de fondant y combinarlas si se desea.

1 Mezclar en un recipiente la harina, la levadura y la sal. Añadir la mantequilla cortada en dados. Trabajar a mano hasta obtener una pasta arenosa.

2 Añadir las pasas picadas y mezclar. Hacer un hoyo en el centro.

3 Batir el huevo y el azúcar para obtener una textura cremosa. Añadir la nata líquida y mezclar otra vez.

4 Echar esta mezcla en el hueco. Mezclar con una espátula de goma hasta formar una masa.

BOLLOS INGLESES

10 PIEZAS ✱ **PREPARACIÓN**: 20 MIN ✱ **COCCIÓN**: 14 MIN

INGREDIENTES

280 g de harina de fuerza
60 g de mantequilla fría
40 g de azúcar
50 g de pasas
1 huevo
160 g de nata líquida, más un poco para pintar
12 g de levadura en polvo
Una pizca grande de sal

PREVIAMENTE

Calentar el horno a 220 °C. Cubrir una bandeja de horno con papel vegetal. Preparar un recipiente con un poco de harina y otro con un poco de nata líquida.

5 Enharinar la superficie de trabajo y volcar encima la masa. Trabajarla rápidamente para hacerla homogénea y aplastarla para formar una torta de 3 a 4 cm de grosor. Enharinar por encima y alisarla con el rodillo. Enharinar un molde de corte de 5 cm y recortar los bollos. Enharinar el molde cada vez. Hacerlos caer sobre la bandeja de horno agitándolos, sin empujarlos. Untar la superficie de los bollos con un poco de nata líquida.

6 Hornear durante 14 minutos. Poner sobre una rejilla.

BOLLOS + MANTEQUILLA DE FRESA

Para 20 bollos: Batir 100 g de mantequilla blanda hasta que blanquee. 70 g de mermelada de fresa y batir hasta obtener una mezcla homogénea (solo lo justo; lo ideal sería dejar «trocitos» de mermelada). Servir con los bollos tibios.

FINANCIERS DE TÉ MATCHA

7 FINANCIERS ✳ **PREPARACIÓN**: 15 MIN ✳ **COCCIÓN**: 12 A 15 MIN

1 Fundir la mantequilla a fuego medio y dejar que tome color hasta que huela a avellana. Parar la cocción cuando empiecen a aparecer pequeñas partículas de color marrón en el fondo del cazo.

INGREDIENTES

75 g de mantequilla
50 g de almendras molidas
25 g de harina
85 g de azúcar glas
Una pizca de vainilla en polvo o las semillas de una vaina de vainilla
Una pizca de sal

2 claras de huevo (70 g)
2 cucharaditas rasas de té matcha (6 g)

PREVIAMENTE

Calentar el horno a 180 °C.
Cortar la mantequilla en dados.

2 Verterla en un bol pasándola por un colador de malla fina. Dejar templar.

3 Mezclar los ingredientes secos, añadir la vainilla y el té tamizado.

4 Añadir las claras de huevo y mezclar con una espátula.

5 Verter la mantequilla templada en forma de hilo mezclando con la espátula hasta que la masa esté lisa.

6 Verterla en moldes para financier.

7 Hornear de 12 a 15 minutos hasta que los financiers se doren por encima. Dejarlos enfriar en una rejilla antes de desmoldarlos.

VARIANTE

Para hacer financiers clásicos, eliminar el té matcha.

CANNELÉS

8 CANNELÉS ✳ **PREPARACIÓN**: 20 MIN ✳ **COCCIÓN**: 1 H 15 MIN ✳ **REPOSO**: 12 H

INGREDIENTES

250 ml de leche entera
1 vaina de vainilla
125 g de azúcar rubio
50 g de harina de fuerza
1 huevo + 1 yema
25 g de mantequilla
10 ml de ron

TRUCO

Son preferibles los moldes
de silicona que facilitan el
desmoldado. Si se utilizan
moldes de cobre o de aluminio,
recubrirlos con cera de abeja.

1 Calentar la leche con la
vaina de vainilla partida en dos y
raspada.

2 Mezclar el azúcar y la harina
en un recipiente tipo jarra.

3 Añadir los huevos. Mezclar
con una cuchara de madera.

4 Verter la leche caliente (sin la
vainilla) removiendo siempre con
la cuchara de madera.

5 Añadir la mantequilla en
trozos. Seguir mezclando hasta
que se derrita.

6 Volver a meter la vainilla en
la mezcla.

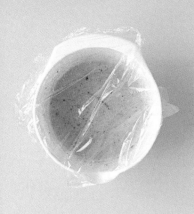  

⑦ Cuando esté a temperatura ambiente añadir el ron; mezclar y cubrir con papel film. Dejar en la nevera unas 12 horas.

⑧ Sacar la masa de la nevera 1 hora antes de cocerla y precalentar el horno a 270 °C, poniendo una rejilla en el centro.

⑨ Batir la masa para devolverle la textura homogénea. Quitar la vaina de vainilla.

 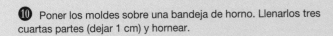 

⑩ Poner los moldes sobre una bandeja de horno. Llenarlos tres cuartas partes (dejar 1 cm) y hornear.

⑪ Dejar que la masa suba y luego se coloree (serán 10 minutos). Cuando los cannelés estén bien dorados, bajar la temperatura del horno a 180 °C. Seguir horneando hasta que la parte visible tenga un tono tostado oscuro y resista a la presión del dedo (entre 1 hora y 1 h y 10). Dejar que se enfríen un poco antes de desmoldarlos.

DONUTS

12 DONUTS ✳ **PREPARACIÓN**: 30 MIN ✳ **COCCIÓN**: 5 MIN

INGREDIENTES

50 g de matequilla
490 g + 60 g de harina de fuerza
200 g de azúcar
170 g de leche fermentada
2 huevos + 1 yema
4 g de bicarbonato + 8 g de levadura
8 g de sal
4 g de nuez moscada rallada
1 l de aceite de cacahuete

AZÚCAR DE CANELA

150 g de azúcar
4 g de canela

PREVIAMENTE

Cuando la masa esté casi lista, calentar 1 litro de aceite de cacahuete en una cazuela de hierro colado (a fuego medio-fuerte), o precalentar una freidora a 190 °C.

❶ Preparar el azúcar de canela mezclando los ingredientes en un recipiente. Ponerlo en un plato llano.

❷ Derretir la mantequilla. Dejar que se enfríe un poco.

❸ En un recipiente, mezclar con las varillas 140 g de harina con el azúcar, la levadura, la sal, el bicarbonato y la nuez moscada.

❺ Verter esta mezcla sobre los ingredientes secos.

❼ Incorporar el resto de la harina (350 g) y mezclar de nuevo el tiempo justo hasta que no se vea la harina seca.

❹ En otro recipiente, mezclar la leche fermentada con los huevos y la yema. Batir, añadir la mantequilla tibia y volver a batir.

❻ Remover con una cuchara de madera hasta que la preparación sea homogénea.

❽ Poner la masa sobre la superficie de trabajo bien enharinada y aplanar con un rodillo enharinado (hasta 1 cm de grosor más o menos).

9 Con dos moldes bien enharinados (uno de 9 cm y el otro de 3 cm), cortar aros. Recuperar los trozos sobrantes para hacer más donuts.

10 Depositar los donuts delicadamente en el aceite caliente, sin superponerlos.

11 Cuando suban a la superficie y estén bien dorados (2 minutos), darles la vuelta con una espumadera.

12 Dejar que se fríán 1 minuto más.

13 Sacar del aceite con una espumadera cuando se haya dorado el otro lado. Escurrir sobre una rejilla con soporte o sobre papel de cocina absorbente. Esperar a que el aceite recupere la temperatura adecuada para freír otra tanda. Mientras tanto, rebozar los donuts calientes en azúcar de canela.

GLASEADO DE SIROPE DE ARCE

12 PIEZAS ✻ **PREPARACIÓN:** 5 MIN

INGREDIENTES
50 g de azúcar glas
40 g de sirope de arce

TRUCO
Para un glaseado más líquido, añadir hasta 10 g de sirope de arce. Cuidado con las manchas: es un glaseado que no se endurece del todo.

1 Tamizar el azúcar glas sobre un recipiente pequeño.

2 Verter el sirope de arce sobre el azúcar glas.

3 Batir enérgicamente.

4 Verter el glaseado sobre los donuts y extenderlo con una espátula. Dejar endurecer.

COOKIES DE CHOCOLATE

12 GALLETAS ✱ **PREPARACIÓN**: 25 MIN ✱ **COCCIÓN**: 14 MIN ✱ **REPOSO**: 10 MIN

❶ Cortar el chcolate de manera que queden trocitos del tamaño de un cuarto de pastilla de chocolate.

❷ En un recipiente grande, mezclar el azúcar rubio y el azúcar en polvo.

INGREDIENTES

85 g de mantequilla
90 g de chocolate con 52% de cacao
100 g de azúcar rubio
50 g de azúcar en polvo
130 g de harina T45
2 g de bicarbonato
2 g de sal
1 yema de huevo a temperatura ambiente
6 g de extracto de vainilla

PREVIAMENTE

Calentar el horno a 170 °C. Poner la rejilla en el centro. Derretir la mantequilla en un cazo pequeño, retirar del fuego y dejar que se enfríe un poco.

❸ Añadir la mantequilla fundida tibia y batir con las varillas eléctricas hasta que los ingredientes se mezclen bien.

❹ Añadir el huevo y el extracto de vainilla. Batir para incorporar estos ingredientes.

5 Meclar la harina, la sal y el bicarbonato, añadir a la mezcla líquida y batir a velocidad media (lo justo para incorporar la harina).

6 Añadir los trocitos de chocolate y mezclar con la espátula de plástico para repartirlos por la masa.

7 Cubrir la pasta con film transparente y meterla en la nevera 10 minutos. Mientras tanto, cubrir una placa de pastelería con una hoja de papel film.

8 Sacar la masa de la nevera y formar bolas gruesas. Dividirlas en dos con un gesto seco (ayudándose de ambas manos) y colocarlas sobre la placa, con la parte irregular hacia arriba.

9 Separar bien los montones para poder aplanarlos un poco. Hornear durante 14 minutos como máximo. Dejar enfriar sobre la placa, colocada sobre una rejilla. Para despegar las galletas, utilizar una espátula plana y fina.

COOKIES BLANDOS

22 COOKIES ✹ **PREPARACIÓN**: 15 MIN ✹ **COCCIÓN**: 10 A 12 MIN

1 Verter el azúcar y la mantequilla en dados en el recipiente de un robot con una cuchilla. Triturar hasta que estén completamente mezclados y la mantequilla se haya blanqueado un poco.

INGREDIENTES

175 g de azúcar moreno de caña
125 g de mantequilla reblandecida
½ huevo
190 g de harina
Una pizca de vainilla en polvo
Una pizca de sal
3 g de levadura
150 g de chocolate con leche

PREVIAMENTE

Calentar el horno a 190 °C, en modo «ventilador». Preparar dos placas de pastelería cubiertas con papel de horno, o dos placas de pastelería antiadherentes.

2 Añadir el ½ huevo a la mezcla de azúcar y mantequilla y mezclar para que se incorpore.

3 Cortar el chocolate en trozos tres veces más grandes que la pepita clásica.

④ Mezclar los ingredientes secos y añadir el chocolate. Mezclar.

⑤ Añadir los ingredientes secos al recipiente del robot y triturar hasta que se forme la masa, no hay que triturar demasiado.

⑥ Con un dosificador de helados o una cuchara sopera, sacar bolas de masa de unos 30 g cada bola, disponerlas encima de las placas alternándolas.

⑦ Aplastar ligeramente las cookies.

⑧ Meter en el horno y bajar la temperatura a 160 °C. Cocer de 10 a 12 minutos, sin dejar que se dore, o apenas, la parte de abajo de las cookies. La superficie de las cookies no debe dorarse nada. Dejar enfriar.

CASI UNAS OREO®

20 GALLETAS ✳ PREPARACIÓN: 25 MIN ✳ COCCIÓN: 2 X 12 MIN ✳ REPOSO: 1 H 30

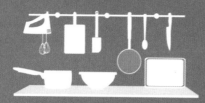

1 Batir la mantequilla reblandecida con la batidora eléctrica. Añadir los azúcares y batir de nuevo 1 minuto hasta que la mezcla esté bien aireada.

2 Limpiar los bordes con una espátula de goma. Incorporar la yema de huevo, la vainilla y el chocolate derretido con la batidora.

3 Volver a limpiar los bordes del recipiente antes de añadir los ingredientes secos.

4 Mezclar a velocidad mínima hasta que se forme la masa.

INGREDIENTES

140 g de harina
2 g de sal
110 g de mantequilla reblandecida
75 g de azúcar
30 g de azúcar glas
1 yema de huevo a temperatura ambiente
6 g de vainilla líquida
15 g de cacao en polvo
30 g de chocolate negro

GANACHE

35 g de crème fraîche espesa
115 g de chocolate blanco

PREVIAMENTE

Mezclar la harina, la sal y el cacao y tamizarlos en un recipiente. Mezclar el azúcar y el azúcar glas tamizado en otro recipiente. Fundir el chocolate a fuego muy suave.

5 Ponerla sobre una encimera limpia y formar un cilindro de unos 15 cm de largo.

6 Hacer girar el cilindro por la encimera para que sea más uniforme.

7 Envolverlo con papel film y reservar 1 hora 30 minutos, y hasta 3 días, en la nevera. Antes de sacar la masa, precalentar el horno a 165 °C. Cubrir dos placas con papel vegetal.

8 Poner la masa sobre una tabla de cortar. Con un cuchillo bien afilado, retirar los dos extremos y cortar el cilindro en rodajas muy finas de unos 3 mm.

9 Repartir los discos sobre las placas y cocerlos en dos tandas, 12 minutos cada vez.

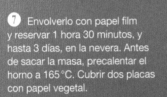

10 Para hacer la ganache, fundir el chocolate blanco a fuego muy suave.

11 Añadir la crème fraîche, mezclar y dejar enfriar 15 minutos a temperatura ambiente.

14 Poner las galletas en la nevera en un recipiente hermético. Esperar por lo menos 30 minutos antes de degustarlas para que la ganache tenga tiempo de cuajarse. Estas cookies se pueden guardar varios días en la nevera.

12 Colocar la mitad de las galletas al revés y poner en medio una cucharadita de ganache.

13 Tapar con el resto de las galletas y presionar delicadamente para que la ganache se extienda y se vea por los bordes.

TRUCO

Si la temperatura de la cocina es elevada, cortar el cilindro en dos partes y guardar una mitad en la nevera mientras se corta la otra mitad. Mientras se corta ir girando el cilindro sobre sí mismo para evitar que se aplaste.

GALLETAS ESPECIADAS

10 GALLETAS ✳ **PREPARACIÓN**: 25 MIN ✳ **COCCIÓN**: 16 A 18 MIN

INGREDIENTES

140 g de mantequilla reblandecida
225 g de azúcar moreno
de caña mascabado
¾ de cucharadita de especias
para speculoos en polvo (canela
de Ceilán y clavo de especia)
¾ de cucharadita de canela en polvo
½ huevo
50 ml de agua

375 g de harina
5 g de levadura química
25 g de almendras laminadas
Una pizca de sal (1 g)

PREVIAMENTE

Calentar el horno a 180 °C
y forrar 2 placas de cocción
con papel vegetal.

1 Batir la mantequilla, el azúcar, las especias y la sal hasta que la mezcla esté homogénea.

2 Mezclar el ½ huevo con el agua y añadirlos en el recipiente. Mezclar para incorporarlos.

3 Añadir la harina y la levadura y mezclar con la batidora hasta que no se pueda distinguir la harina seca.

4 Añadir las almendras con una espátula de goma y mezclar solo lo suficiente para incorporarlas a la masa.

5 Formar un cilindro grueso de 15 cm de largo. Cortar rebanadas de aproximadamente 1,5 cm de grosor.

6 Disponerlas sobre las placas dándoles forma redonda. Aplastarlas ligeramente, de manera que se alise un poco la superficie de las galletas.

8 Dejar enfriar.

7 Meter en el horno y dejar cocer de 15 a 28 minutos.

① Batir la mantequilla en pomada con el azúcar. Añadir el extracto de vainilla y luego la mezcla a base de harina. Incorporarlo todo.

② Trabajar con una espátula para obtener una masa homogénea.

SABLÉS DE NUECES

PARA 10 SABLÉS ✳ **PREPARACIÓN**: 20 MIN ✳ **COCCIÓN**: 20 MIN

INGREDIENTES

100 g de mantequilla reblandecida
120 g de harina de repostería
50 g de nueces pecanas
(opcionalmente caramelizadas)
20 g de azúcar
2 g de extracto de vainilla
2 g de sal
Azúcar glas

PREVIAMENTE

Calentar el horno a 170 °C. Cubrir una placa con papel de horno. Mezclar la harina, la sal y las nueces pecanas picadas.

③ Coger trozos grandes de masa y formar 10 bolas del tamaño de una pelota de ping-pong.

④ Disponer los sablés sobre la placa. Hornear durante 20 minutos. Dejar enfriar sobre la placa. Espolvorear con azúcar glas justo antes de servir.

GALLETAS BRETONAS

20 PIEZAS ✱ **PREPARACIÓN**: 30 MIN ✱ **COCCIÓN**: 14 MIN ✱ **REPOSO**: 30 MIN

INGREDIENTES

90 g de mantequilla salada
90 g de azúcar rubio
1 yema de huevo a
temperatura ambiente
125 g de harina de repostería
Una buena pizca de sal (2 g)

PREVIAMENTE

Pasar el azúcar 2 o 3 minutos por
el robot para hacerlo más fino.
Cubrir una placa con papel vegetal.

❶ Trabajar la mantequilla blanda a punto de pomada.

❷ Añadir el azúcar y batir con las varillas eléctricas, primero
despacio, luego aumentando la velocidad progresivamente.

❸ Batir hasta que la mezcla sea cremosa (aunque no demasiado,
para no calentar la mantequilla).

❹ Añadir la yema de huevo y
mezclar con las varillas el tiempo
justo para incorporarla.

❺ Echar la harina sobre la
masa y batir hasta que se forme
una pasta.

6 Trabajar la mezcla rápidamente con la palma de la mano.

7 Formar una bola aplanada y envolverla en papel film. Poner 30 minutos en la nevera.

8 Calentar el horno a 180°C. Sacar la masa y aplanarla, sobre la superficie de trabajo ligeramente enharinada, hasta un grosor de 5 mm.

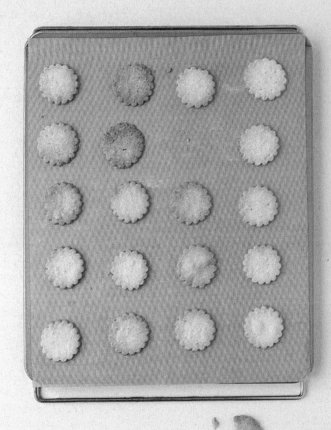

9 Hacer galletas pequeñas con un molde para cortar acanalado de 5 cm de diámetro.

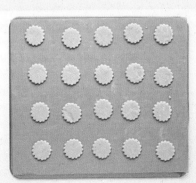

10 Colocar las galletas sobre una placa de horno. Hornear durante 14 minutos.

11 Las galletas deben adquirir un suave color con la cocción. Sacarlas del horno y dejarlas en la bandeja, colocando esta sobre una rejilla.

CONSERVACIÓN

Estas galletas se conservan a temperatura ambiente en una caja metálica (que no sea totalmente hermética, para dejar que se evapore la humedad de las galletas). El tiempo de conservación depende de la humedad del ambiente.

* 6 *

tartas

TARTA TATÍN

6 A 8 PERSONAS ✳ **PREPARACIÓN:** 25 MIN ✳ **COCCIÓN:** 1 H 20

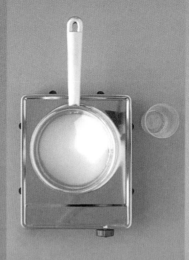

① Preparar caramelo (p. 16). Verter el agua en un cazo y luego el azúcar. Batir a fuego medio para disolver el azúcar.

② Llevar a ebullición. Alcanzada la ebullición, no tocar el cazo y dejar que el caramelo coja color. Debe adquirir un tinte ambarino.

INGREDIENTES

200 g de masa quebrada (p. 9)
200 g de azúcar
65 ml de agua
60 g de mantequilla salada, troceada
1 kg de manzanas verdes ácidas

PREVIAMENTE

Calentar el horno a 220 °C y colocar una rejilla en el centro.

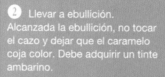

③ Retirar del fuego, añadir la mantequilla y mezclar con las varillas hasta que quede incorporada.

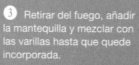

④ Echar el caramelo en el fondo de un molde para tarta.

5 Pelar las manzanas y cortarlas en cuatro trozos. Retirar el corazón.

6 Colocar los trozos de manzana en el molde, bien apretados, con la parte cóncava hacia abajo. Poner trozos al revés entre los primeros.

9 Sacar la tarta tatín del horno y volcarla inmediatamente sobre un plato. Dejar que se enfríe un poco antes de servir.

CONSEJO

El caramelo puede cristalizarse al incorporar la mantequilla, pero se derretirá de nuevo en el fuego. Para evitar la cristalización, añadir 1 cucharadita de zumo de limón a la mezcla de agua y azúcar.

7 Hornear 1 hora. Sacar la masa quebrada de la nevera 15 minutos antes de que terminen de cocerse las manzanas.

8 Aplanar la masa y formar un disco de 24 cm de diámetro. Colocarlo sobre las manzanas. Cocer en el horno de 15 a 20 minutos más.

TARTA FINA DE MANZANAS

6 PERSONAS ✳ **PREPARACIÓN**: 40 MIN ✳ **COCCIÓN**: 20 A 30 MIN

INGREDIENTES

225 g de masa de hojaldre (página 8)
2 o 3 manzanas que no sean
ácidas (unos 400 g)
45 g de azúcar rubio
45 g de mantequilla con sal

PREVIAMENTE

Sacar la masa de hojaldre
de la nevera.
Precalentar el horno a 220°C en
modo «ventilador» con una rejilla
en medio. Preparar una placa de
pastelería cubierta con papel vegetal.

① Estirar la masa al tamaño de
la placa y con 2 mm de grosor.
Ponerla sobre la placa. Pincharla
con un tenedor salvo 1 cm
alrededor de los bordes.

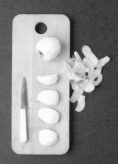

② Pelar, cortar en cuartos
y retirar el corazón de las
manzanas.

③ Cortar cada cuarto en
rodajas delgadas.

④ Disponer cada cuarto sobre
la masa extendiéndola un poco.
Formar largas hileras sin llegar
a los bordes.

⑤ Espolvorear el azúcar por encima de las manzanas y hacer lo
mismo con la mantequilla cortada en trocitos.

⑥ Hornear de 20 a 30 minutos hasta que la tarta esté bien
caramelizada, incluso en algunos puntos un poco quemadita. Servir
con crème fraîche espesa.

① Cocer la masa en blanco 20 minutos con pesos de cerámica o legumbres secas, y luego 10 minutos sin ellas.

② Cortar el ruibarbo en bastoncitos o en trozos.

TARTA DE RUIBARBO

10 PERSONAS ✳ PREPARACIÓN: 35 MIN ✳ COCCIÓN: 1 H 15

③ Mezclar los huevos, la leche y el azúcar.

④ Cuando la masa esté cocida, cubrirla con el ruibarbo.

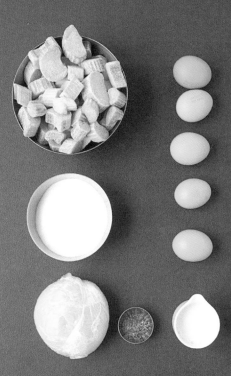

INGREDIENTES

1 masa quebrada (página 9)
5 huevos
200 g de azúcar
1 sobre de azúcar vainillado
115 ml de leche
500 g de ruibarbo congelado
o 650 g de ruibarbo fresco

PREVIAMENTE

Estirar la masa, forrar un molde de tarta. Precalentar el horno a 160 °C.

⑤ Verter la preparación sobre el ruibarbo.

⑥ Hornear de 40 a 50 minutos hasta que esté ligeramente dorada. Espolvorear con el azúcar vainillado al sacarla del horno. Dejar templar y luego guardar en la nevera. Esta tarta es mejor degustarla fría.

TARTA DE LIMÓN MERENGADA

8 PERSONAS * **PREPARACIÓN:** 30 MIN * **COCCIÓN:** 25 MIN

1 Aplanar la masa a fin de obtener un disco un poco más grande que el molde. Pincharlo con el tenedor unas veinte veces.

2 Coger el disco de masa con cuidado y darle la vuelta sobre el molde (el lado pinchado hacia el interior del molde). Colocarlo en su sitio, apretando bien la masa contra los lados.

3 Pasar el rodillo por el molde para cortar la masa que sobresale. Poner 15 minutos en la nevera. Precalentar el horno a 170 °C.

INGREDIENTES

400 g de masa quebrada (p. 9)
2 claras de huevo
125 g de azúcar y 10 g de azúcar glas
24 ml de agua (3 cucharadas)
350 g de crema pastelera (p. 11)
El zumo y la ralladura de
½ limón ecológico
½ vaina de vainilla abierta a lo largo

PREVIAMENTE

Untar con mantequilla un molde para tarta (diámetro 28 cm) y reservar en la nevera.

4 Cocer la masa 20 minutos cubierta con legumbres secas y luego 10 minutos más sin nada. Dejar enfriar.

5 Preparar la crema pastelera poniendo a hervir la leche con la vaina de vainilla partida y raspada. Añadir el zumo y la ralladura de limón al final de la cocción. Poner papel film directamente sobre la crema y dejar enfriar.

6 Empezar por montar las claras a punto de nieve, añadiendo hacia la mitad 1 cucharadita de azúcar.

7 En un cazo, mezclar el resto del azúcar con 3 cucharadas de agua. Llevar a ebullición.

8 Cocer a punto de bola unos 3 minutos. Echar el almíbar de azúcar sobre las claras a punto de nieve, dejándolo caer entre las varillas y los bordes del recipiente. Batir unos 5 minutos a velocidad mínima para entibiar la mezcla.

9 Incorporar ⅓ del merengue a la crema pastelera para aligerar su textura. Encender el gratinador del horno.

10 Extender la crema pastelera sobre el fondo de tarta enfriada. Cubrir con el merengue y formar pequeños picos en la superficie.

11 Espolvorear con el azúcar glas y poner la tarta bajo el gratinador del horno (máximo 2 minutos) para dorar el merengue.

TARTALETAS DE KIWI Y MASCARPONE

6 TARTALETAS ✳ PREPARACIÓN: 30 MIN

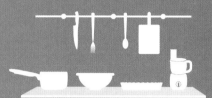

FONDO DE TARTA

60 g de mantequilla
30 g de azúcar
100 g de galletas tipo maría

CREMA MASCARPONE

170 g de mascarpone
35 g de azúcar glas
½ sobre de azúcar vainillado (4 g)
4 kiwis

1 Hacer migas con las galletas triturándolas de 30 segundos a 1 minuto en el robot.

2 Derretir la mantequilla. Mezclar el azúcar y las galletas en migas en un recipiente, verter la mantequilla por encima.

3 Mezclar con un tenedor para obtener una textura de arena mojada.

6 Extender la crema por encima de las tartaletas. Pelar los kiwis y cortarlos en rodajas no muy finas, de unos 8 mm. Disponerlas superpuestas en forma circular encima de la crema. Cubrir con papel film y poner en la nevera hasta el momento de servir.

4 Repartir la masa de galletas en los moldes, alisar con el dorso de una cuchara y apretar la masa presionando con un objeto plano por encima. Alisar el fondo y los lados con el dorso de la cuchara.

5 Dejar endurecer los fondos de tarta en la nevera para que la mantequilla se solidifique. Mientras tanto, batir el mascarpone, el azúcar glas y el azúcar vainillado con un tenedor.

1 Untar con mantequilla los moldes de tartaleta.

2 Estirar la masa quebrada con el rodillo.

TARTALETAS DE FRESA

6 TARTALETAS ✳ **PREPARACIÓN:** 30 MIN ✳ **COCCIÓN:** 10 MIN ✳ **REPOSO:** 30 MIN

3 Con un cortapastas, cortar 6 discos un poco más grandes que los moldes de tartaleta, de unos 10 cm.

4 Forrar los moldes con la masa y dejar reposar en la nevera 30 minutos.

5 Extender la crema. Alisarla con el dorso de una cuchara y cocer 10 minutos en el horno.

6 Lavar las fresas y secarlas con papel absorbente. Quitar el rabo cortando la base.

INGREDIENTES
200 g de masa quebrada (página 9)
150 g de crema de almendras (página 13)
600 g de fresas pequeñas

PREVIAMENTE
Calentar el horno a 220 °C.

7 Poner las tartaletas sobre una rejilla para que se enfríen.

8 Cuando estén completamente frías, adornarlas con las fresas.

9 Servir de inmediato.

OPCIÓN
Se pueden adornar las tartaletas con las fresas cortadas en rodajas y dispuestas en forma circular sobre la crema. En este caso, bastará con la mitad de fresas.

TARTA DE VAINILLA

8 PERSONAS ✳ **PREPARACIÓN**: 35 MIN ✳ **COCCIÓN**: 25 MIN ✳ **REPOSO**: 40 MIN

1 Picar el chocolate con el cuchillo en trocitos pequeños. Poner en un recipiente.

2 Llevar a ebullición la nata con la vaina de vainilla abierta y rascada en un cazo.

3 Verter la nata sobre el chocolate y añadir la vainilla líquida.

4 Verter un fondo de agua en el cazo, calentar y retirar del fuego. Poner el recipiente que contiene el chocolate encima. Mezclar bien con la espátula.

INGREDIENTES

1 masa quebrada cocida (página 9)
250 g de chocolate blanco
125 g de nata líquida
1 vaina de vainilla
4 cucharaditas de vainilla líquida
30 g de mantequilla reblandecida

COCCIÓN DE LA MASA

Poner la masa en un molde de tarta, cubrirla con papel de horno y con pesos de cerámica o legumbres secas. Hornear 15 minutos a 180 °C, retirar los pesos y el papel y cocer otros 10 minutos más.

7 Dejar cuajar en la nevera como mínimo 40 minutos.

5 Incorporar la mantequilla cortada en trozos. Mezclar una vez más sin batir para no formar burbujas de aire.

6 Verter sobre la masa quebrada cocida y fría.

TARTA DE CHOCOLATE

8 PERSONAS ✳ **PREPARACIÓN**: 35 MIN ✳ **COCCIÓN**: 25 MIN ✳ **REPOSO**: 1 H

1 Aplanar la masa en un disco de 28 cm de diámetro, más la anchura de dos dedos. Forrar el molde. Dejar reposar en la nevera 30 minutos.

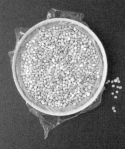

2 Cubrir la masa con papel de horno y con pesos de cerámica o legumbres secas, y cocer 15 minutos. Retirar los pesos y el papel y cocer 10 minutos más.

3 Picar el chocolate en trocitos. Ponerlo en un recipiente.

4 Hervir la nata en un cazo.

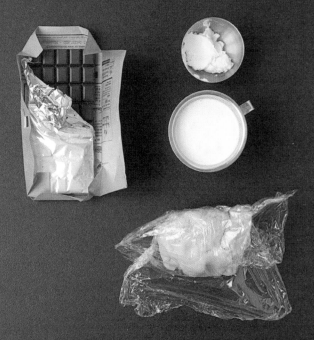

5 Verter la mitad de la nata sobre el chocolate hasta que lo cubra. Esperar 2 minutos.

6 Mezclar bien con una espátula y luego verter el resto de la nata. Mezclar bien.

INGREDIENTES

1 masa sablée (página 9)
200 g de chocolate con un
50 % de cacao mínimo
200 g de nata líquida
30 g de mantequilla reblandecida

PREVIAMENTE

Enharinar la encimera y amasar la sablée unos segundos hasta que tenga una consistencia flexible y homogénea.
Precalentar el horno a 180 °C.

7 Añadir la mantequilla en trozos. Mezclar sin batir para no incorporar aire.

8 Verter la crema de chocolate sobre la masa cocida y fría.

9 Dejar cuajar en la nevera durante 20 minutos como mínimo.

TARTA DE FLAN

8 PERSONAS ✳ **PREPARACIÓN:** 25 MIN ✳ **COCCIÓN:** 50 MIN

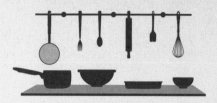

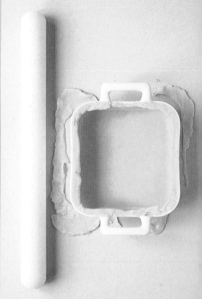

❶ Aplanar la masa quebrada hasta que tenga 3 mm de grosor y forrar el molde: debe sobresalir un poco por los lados.

❷ Apretar la masa para formar un borde más grueso que le impida encogerse al cocer. Pasar el rodillo para eliminar lo sobrante.

INGREDIENTES

300 g de masa quebrada (p. 9)
1 huevo (para pintar la masa)

FLAN

1 litro de leche
220 g de azúcar
120 g de maicena
2 huevos + 1 yema

8 g de vainilla
2 g de sal

PREVIAMENTE

Calentar el horno a 200 °C.
Untar con mantequilla y enharinar un molde cuadrado, sacudir levemente para eliminar el exceso de harina.

❸ Pinchar el fondo con un tenedor, forrar la masa (fondo y lados) con papel vegetal levemente untado con mantequilla y hornear 10 minutos. Retirar el papel.

❹ Pintar la masa con el huevo batido. Volver a hornear de 3 a 4 minutos para que se seque. Sacarla del horno y subir inmediatamente la temperatura a 220 °C.

5 Verter 75 cl de leche en un cazo, añadir el azúcar, mezclar y llevar a ebullición. Batir los huevos y la yema a punto de tortilla en un cuenco.

6 Echar el resto de la leche (25 cl) en el recipiente, añadir la maicena y batir enseguida con las varillas. Incorporar los huevos batidos, la vainilla y la sal.

7 Pasar la mezcla por un colador de malla fina para eliminar las galladuras del huevo (si no, cuajarán al cocerse).

8 Cuando la leche hierva, retirarla del fuego para verter lentamente la mezcla de huevos. Batir sin cesar: la crema se espesará.

9 Verter la crema sobre el fondo de tarta y hornear durante 35 minutos. Sacar el flan del horno y ponerlo a enfriar sobre una rejilla. Envolverlo con papel film y ponerlo en la nevera para que se enfríe del todo antes de servir.

VARIANTE

Para un flan exprés, puede prescindirse del fondo de tarta. También puede sustituirse el extracto de vainilla por una bolsita de azúcar a la vainilla. En tal caso, no utilizar más que 210 g de azúcar.

TARTA DE PECANAS

8 PERSONAS ✳ **PREPARACIÓN**: 40 MIN ✳ **COCCIÓN**: 1 H 15 ✳ **REPOSO** 4 H

❶ Poner las nueces pecanas planas en una placa de pastelería y hornear 10 minutos. Dejarlas templar y cortar en trocitos con los dedos.

❷ Estirar la masa y forrar el molde. Cocerla en blanco 15 minutos con pesos de cerámica o legumbres secas, y luego 10 minutos sin ellas.

INGREDIENTES

1 masa quebrada (página 9)
60 g de mantequilla
100 g de azúcar
3 g de sal
3 huevos
300 g de sirope de arce

200 g de nueces pecanas
1 cucharada de vainilla líquida (12 g)

PREVIAMENTE

Calentar el horno a 180 °C.
Preparar un molde de
28 cm de diámetro.

❸ Fundir la mantequilla en un cazo mediano.

❹ Retirar del fuego y añadir el azúcar y la sal. Mezclar con una espátula hasta que la mantequilla se absorba.

5 Batir los huevos como para hacer una tortilla y añadirlos a la mezcla de mantequilla y azúcar.

6 Verter el sirope de arce y la vainilla, batir. Poner el cazo de nuevo a fuego suave y mezclar hasta que la preparación esté brillante y caliente, a unos 50 °C.

7 Retirar del fuego y añadir las nueces pecanas. Mezclar.

8 Al sacar la masa quebrada del horno, verter la preparación de nueces pecanas. Bajar la temperatura del horno a 130 °C y hornear durante 45 minutos hasta que, al presionar el relleno con una espátula, parezca que se ha cuajado pero esté todavía blando, un poco como si fuera gelatina.

9 Dejar enfriar como mínimo 4 horas.

CONSEJO

Un poco antes de servir, se puede recalentar la tarta ligeramente poniéndola de 10 a 15 minutos en el horno a 100 °C.

---- *7* ----

apéndices

glosario

BAÑO MARÍA

El baño María es un procedimiento que permite cocer una preparación por el efecto de un calor más suave que si la pusiéramos directamente sobre el fuego. Parra ello, poner la preparación en un recipiente encima de otro recipiente, del mismo tamaño o algo más grande, que contenga agua hirviendo. Cuando el baño María se hace en el horno, esto impide que la preparación se seque gracias a la difusión continua de vapor. Para ello, basta con colocar un recipiente hondo debajo de la rejilla sobre la que se vaya a poner la preparación y luego calentar el horno. Verter el equivalente a un pequeño cazo de agua muy caliente en el recipiente hondo justo antes de hornear la preparación. El baño María también está indicado para descongelar frutas congeladas. Para ello, colocarlas en un recipiente y tapar con papel film. Ponerlo todo encima de un cazo con agua hirviendo, 10 minutos para los frutos rojos, mezclando a mitad del proceso.

BICARBONATO

Este polvo se utiliza mucho, solo o junto con levadura química, en las recetas de pastelería anglosajona. Normalmente el bicarbonato se encuentra en los supermercados, o en las farmacias.

BOLA

La bola corresponde a un grado de cocción del azúcar (120 °C). Cuando se somete el azúcar blanquilla al efecto del calor, su contenido de agua se evapora. La temperatura del azúcar sube y, progresivamente, se transforma en caramelo. Todas las etapas de esta transformación tienen nombres técnicos, pero solo el punto de bola aparece en este libro. Efectivamente, los estadios avanzados de la cocción del azúcar pueden apreciarse simplemente con su color, un caramelo más o menos oscuro. En cambio, los primeros estadios de la cocción del azúcar no tienen color, pero se puede medir su temperatura cogiendo un poco de almíbar con una cuchara y dejándolo caer en un bol lleno con agua muy fría (si no se dispone de un termómetro especial). Si el almíbar se transforma en bola, está a la temperatura adecuada para un merengue italiano o una crema de mantequilla, por ejemplo. Si esta bola es blanda, el almíbar está un poco menos caliente que si la bola es dura. Lo ideal es tener una bola dura, pero el azúcar pasa tan rápidamente de una etapa a la otra que es mejor utilizarlo cuando se forma la bola para no correr el riesgo de tener un azúcar demasiado cocido.

CARAMELO

El caramelo se obtiene cuando se cuece azúcar blanco, pasados los primeros estadios de cocción cuando el azúcar solo es un almíbar. Para ello, utilizar un cazo de fondo grueso por razones de seguridad, el cazo tiene que ser resistente a las altas temperaturas que alcanza el caramelo, y para que el calor se difunda de manera homogénea. Verter agua en el cazo, luego añadir el azúcar. No poner nunca más de una tercera parte del peso de azúcar en agua, es decir, para 100 g de azúcar, calcular 33 g de agua como máximo). Calentar a fuego medio. Llevar a ebullición cuando el azúcar se haya disuelto, pero nunca antes, ya que el azúcar que queda sólido, cuando hierve ya no se disuelve luego. Dejar que el almíbar se concentre sin tocarlo. Cuando supera los 150 °C, se transforma en caramelo y empieza a tomar color. Para parar la cocción hay que retirar el cazo del fuego unos segundos antes de que alcance el color deseado, ya que el caramelo seguirá aumentando de color fuera del fuego, o bien sumergir el fondo del cazo unos segundos en agua fría. Este último método tiene el inconveniente de enfriar el caramelo y espesarlo, con lo cual será menos «manejable».

COCCIÓN EN BLANCO

Este término designa la cocción, total o parcial, de una masa de tarta antes de rellenarla. Esta precocción evita que la masa se reblandezca por la humedad de la preparación o de la fruta que van a añadirse.

CUAJAR

Hablamos de que un ingrediente líquido se cuaja cuando algunos de sus componentes se aglutinan para formar una masa más compacta. En pastelería, esto ocurre a veces cuando se somete una preparación a base de huevos a la acción del calor. Ahora bien, pocas veces es el resultado esperado ya que la acción de cuajarse afectará a un ingrediente de la preparación (por ejemplo, el huevo) y no al conjunto de la preparación (la crema inglesa, por ejemplo), por lo tanto será granulosa y no homogénea.

ESPÁTULA DE GOMA

Es el término empleado para designar las espátulas de plástico flexible. Permiten rebañar perfectamente un recipiente, por ejemplo cuando tenemos que vaciarlo para mezclar su contenido en otro recipiente. En pastelería, cada gramo de un ingrediente tiene importancia y, gracias a la espátula de goma, nos aseguramos que no quede nada en las paredes del recipiente. La flexibilidad de la espátula también permite mezclar delicadamente la mayoría de las preparaciones, principalmente las que son a base de claras de huevo a punto de nieve.

ESTIRAR

Estirar una masa significa extenderla con un rodillo de pastelería sobre una superficie enharinada para darle el grosor y la forma deseados. Para estirar fácilmente una masa, hay que levantarla y desplazarla cada vez que se pasa el rodillo por encima. Hay que comprobar que no se pega a la encimera y, si se diera el caso, enharinar muy ligeramente la encimera antes de volver a apoyar la masa. También hay que ir girándola regularmente sobre sí misma y no dudar en igualar los bordes con los dedos, soldando los pequeños rotos, para que la masa corresponda a la forma deseada. Para dividir una bola de masa en dos, hay que estirarla en forma de rectángulo bastante delgado para doblarlo y luego cortarlo con un cuchillo bien afilado por el lugar del doblez. Para situar correctamente una masa redonda en un molde, doblarla sobre sí misma dos veces y colocar la punta del triángulo obtenido en el centro del molde. Desdoblar luego la masa y forrar el molde con la masa presionando bien los bordes.

FORRAR

Se forra un molde de tarta poniendo la masa
en el fondo, los ángulos y las paredes.

HARINAS

Las harinas utilizadas en este libro son de dos tipos, la harina
para repostería y la normal panificable. Tradicionalmente la harina
de repostería se reserva para la pastelería y la harina normal
se utiliza en panadería. Ahora bien, en pastelería, podemos
distinguir las preparaciones que pertenecen a la familia del pan
(banana bread, pancakes...) de otros pasteles que no tienen las
características del pan (masas de tarta, galletas...). En el caso
de las primeras, la textura puede presentar una «corteza» en
el exterior y un interior muy esponjoso. Para todos los tipos de
pasteles que sean de la familia de los panes, una harina normal
panificable da mejores resultados en cuanto a textura, estructura,
esponjosidad, ligereza, que una harina de repostería. Tenemos
dos opciones al utilizar la harina, tamizarla o no tamizarla.

HUEVOS

En las recetas de este libro, utilizamos huevos de tamaño
grande, de unos 70 g con cáscara y 60 g sin ella. En el
caso que hubiera que dividir por dos las cantidades de los
ingredientes, puede ser que tengamos que dividir un solo
huevo. Para facilitar esta operación, cascar el huevo, batirlo y
utilizar la mitad. Para ser más precisos utilizar una balanza de
cocina. Un huevo grande dividido por la mitad pesa 30 g.

MANGA PASTELERA

Para llenarla, empezar poniendo la boquilla en el fondo de la
manga, luego taponar la boquilla metiendo dentro un poco de la
manga. Aguantar la manga con la mano izquierda (si se es diestro)
y doblar la parte superior de la manga sobre la mano. Llenar la
manga con la masa, con la mano que queda libre. Cerrar la manga
aguantándola al revés (con la boquilla hacia arriba) y apretarla
hasta que la masa empiece a salir por la boquilla. Presionar para
que salga la masa apretando la manga de vez en cuando, como
si la atornilláramos, para que se mantenga siempre bien tersa.

MEDIDAS

Recordar que 1 litro de agua (1.000 ml) pesa 1 kg (1.000 g o 100 cl).
Por lo tanto 15 g = 15 ml o 1,5 cl. Pero cuidado, esta equivalencia
no es igual para todos los líquidos. El aceite, principalmente, pesa un
poco menos que el agua, mientras que la leche pesa un poquito más.
Pero, en la mayoría de los casos, la diferencia es ínfima y podemos
hacer la equivalencia 1 g = 1 ml, sea cual sea el ingrediente líquido.
Más aún cuando estos líquidos raramente tienen un efecto tan
potente como los ingredientes sólidos en la «química» de la pastelería.

NAPADO

Hablamos de napado cuando una preparación líquida alcanza,
la mayoría de las veces por efecto del calor, una consistencia
suficientemente espesa como para cubrir la superficie del objeto que
hemos introducido en ella. La cuchara, por ejemplo, ya no es visible
por transparencia y está cubierta uniformemente por la preparación.
Es la textura deseada para una crema inglesa o un lemon curd.

MANTEQUILLA REBLANDECIDA
O EN POMADA

En pastelería, el término «pomada» se utiliza para describir
una mantequilla cuya textura es blanda pero todavía un poco
firme, de hecho más firme que una pomada. Esto permite
mezclarla con otros ingredientes sin que pierda su estructura,
contrariamente a la mantequilla fundida, y permite incorporarle
aire cuando la batimos. Para ello hay dos métodos eficaces.
Cortar la mantequilla en trocitos para acelerar el entibiamiento.
El primer método consiste en dejar la mantequilla a temperatura
ambiente el tiempo suficiente para que el dedo se hunda con facilidad.
Calcular de 20 minutos a varias horas según la temperatura ambiente.
En el segundo método se pone la mantequilla en trozos en un
recipiente resistente al calor que pondremos encima de un cazo
con agua hirviendo fuera del fuego. Dejar unos segundos, retirar y
trabajar la mantequilla con la espátula hasta que esté en «pomada».

PRECALENTAR

Cuando hablamos de 'calentar' el horno, lo que hacemos en
realidad es 'precalentar': hay que precalentar siempre el horno
a una temperatura 20 °C superior a la deseada para la cocción.
En efecto, el mero hecho de abrir la puerta del horno para
introducir una masa más fría hace que pierda estos 20 °C. Así,
la cocción puede empezar a la temperatura adecuada. Ajustar
el termostato una vez que la preparación ya se ha horneado.

TOMAR COLOR

Este estadio de cocción indica el paso del color inicial de la
preparación a otro color por el efecto del calor. Hay coloración
cuando el color inicial se transforma en otro color, que puede
ir del rubio muy claro hasta el marrón muy oscuro.

índice de recetas

* 1 *
RECETAS BÁSICAS

* 2 *
CREMAS, TORRIJAS Y CREPES

* 3 *
PASTELES FÁCILES

* 4 *
RELLENOS Y MONTADOS

* 6 *
TARTAS

* 5 *
PASTELITOS Y GALLETAS

índice de ingredientes

agradecimientos

Gracias a Emmanuel Levallois por su confianza, libro tras libro.

Gracias a Rosemarie Di Domenico y a Pauline Labrousse por
haber hecho realidad este bonito proyecto.

Gracias a Sonia Lucano por su trabajo de poner de relieve mis recetas, los cupcakes, la
torre de merengues, los Mont Blanc y muchas otras son magníficas gracias a ella.

Gracias a Frédéric Lucano por sus fotos, siempre tan fantásticas.

Gracias a mi familia: Jérôme, Antoine, Inès, mamá y Julia.
Tengo mucha suerte de teneros en mi vida.

Gracias a Jean-Louis por su preciosa ayuda a lo largo de estos dos años difíciles que
acaban de pasar. Así he podido reencontrarme con la cocina lo más pronto posible.

Gracias también a mis amigas, Elsa y Amélie por la alegría y el apoyo constante que me aportan.

Gracias a mi padre por su receta de «Pastel de galletas tostadas» que él llamaba, sin
pretensión, «mortero» y con el que nos deleitábamos cada verano en el desayuno.
Lamento no haber publicado antes esta receta para que él pudiera aconsejarme «un
poco más de esto» o «un poco menos de aquello»... Te echo de menos, papá.

Gracias a Véronique por haber mimado a sus hijos con deliciosas comidas durante
su infancia, gracias al paladar sutil de uno de ellos puedo tener un crítico sin igual
en casa. De ella son las recetas de la tarta de ruibarbo y del pastel marmolado.

Y gracias a Julie Andrieu por haberme puesto en contacto con el equipo de ediciones Marabout.

ESCUELA DE
COCINA

Descarga en tu iPad o iPhone la aplicación de
Escuela de Cocina con 114 deliciosas recetas, todas ellas
explicadas paso a paso y acompañadas con fotos, consejos e
instrucciones precisas para que consigas unos platos excelentes.
Además, incluye cronómetro que te indica cuándo pasar a la
siguiente etapa de la receta

Título original: *Basiques pâtisserie*

© 2014, Hachette Livre (Marabout)
© 2015, Penguin Random House Grupo Editorial, S.A.U.
Travessera de Gràcia, 47-49. 08021 Barcelona
© 2015, Julia Alquézar Solsona y Àngels Polo Mañá, por la traducción

Fotografía de contraportada: David Japy
Estilismo: Sonia Lucano
Maquetación: Chimène Denneulin
Edición: Audrey Génin
Redacción: Véronique Dussidour

ISBN: 978-84-16220-43-4

Compuesto en gama, sl
Impreso en China

DO 20434

Penguin
Random House
Grupo Editorial